Arthur Hopfner

Toujours y croire…

Edilivre
Classique
Collection

N° d'impression : 121052

« Pour mes frères d'armes et en mémoire de ceux partis trop tôt au service de la France. »

Pour Marc, mon frère d'armes,

Avec qui j'ai grand plaisir à remettre le treillis et passer mes journées de réserve.

A te côtoyer depuis quelques années je sais que tu partages les mêmes valeurs que mon héros et que tu marches au même carburant : l'amitié et l'amour des tiens.

Fraternellement

Arthur

Merci à tous ceux qui m'ont aidé et soutenu dans cette aventure.

Tout d'abord Sophie, Cindy, Audrey et Leandre, ma femme et mes enfants pour leur soutien permanent.

Thierry et Nicolas Guillerminet pour leur aides précieuses mon frère Guy, ma famille, mes amis dont certains se reconnaîtront dans ce livre.

Et vous tous que je ne connais pas et qui sur la page Facebook m'ont soutenu, aidé.

Merci !

Djibouti, 15/09/2000 – 23H

Il règne une chaleur moite et désagréable en cette soirée africaine, raison de plus que je me donne pour entrer dans ce superbe restaurant !

Restaurant… quel drôle de nom pour un de ces nombreux bordels qui longent l'avenue de la **République** !

À l'intérieur la climatisation qui tourne fait du bien mais l'odeur du tabac mélangée à celle du parfum bon marché que porte les filles me prend à la gorge. De jolies filles habillées à l'européenne portant mini-jupe et bustier tendu et qui sont postées sur des tabourets d'où elles ondulent sur de la musique lancinante. Je sens que je leur plais bien.

Où est le porte-monnaie plein qui les intéresse ?

Mais je m'en fous car ce soir je veux me détendre. La semaine a été longue, harassante et les exercices en plein désert par 40 degrés à l'ombre m'ont bien *séché*. J'ai bien besoin de quelques bières fraîches et pourquoi pas d'un peu de douceur, du moins d'une présence féminine !

Je me pose sur un fauteuil taché par des litres de bières et de whisky bon marché et j'observe cette faune hétéroclite constituée de militaires des trois armes, loin de chez eux, de leur confort, de leurs racines, de leurs proches et qui sont venus s'encanailler avec des filles faciles qui rient à leurs plaisanteries tantôt douces tantôt plus provocantes, selon l'envie !

Je suis complètement détaché. J'observe et mes pensées vagabondent tellement que je n'ai même pas vu venir cette main douce qui me caresse la nuque et qui me souffle :

« Alors commando *Arta* comment vas tu ? »

C'est dingue ! Comment font-elles avec ces milliers de militaires se trouvant sur **Djibouti** pour être capables du premier coup de donner l'affectation, le régiment et l'arme dans laquelle sert la personne en face d'elles ?

Là encore bingo ! Elle a trouvé que je faisais partie des *commandos marine* dont le camp avancé sur le **Moyen-Orient** se trouve à **Arta**, à 40 kilomètres sur les hauteurs de **Djibouti !**

La fille en question est âgée d'à peine vingt ans. Fine, petite, trop maquillée elle est vêtue d'une jupe rouge lui arrivant tout juste à mi-cuisse et d'une chemise blanche dont les trois premiers boutons défaits laissent entrevoir un soutien-gorge noir soutenant une petite poitrine bien ferme me semble-t-il.

Je lui paie le verre de *Chivas* qu'elle me réclame et la voilà qui reste collée à moi, ses mains traînant dans mon dos et sur ma nuque. Ce n'est pas désagréable et je laisse faire, j'apprécie, fermant même les yeux !

En les rouvrant je vois trois gars de mon escouade, eux aussi en sortie. L'un d'eux me lance :

« Oh patron ! Vous m'avez l'air bien là ? Pensez au *chapeau* quand même ! »

Je ne réponds pas. Ils savent que je suis marié et père d'un petit garçon et que je n'irais pas plus loin. Ils me proposent alors une bière, que j'accepte volontiers. Nous voilà tous les quatre à parler. Je les laisse faire, j'écoute, car je sais que l'alcool peut délier les langues et c'est parfois bon de crever des abcès, même si c'est sous l'emprise de l'alcool…

Du coup la fille ne m'intéresse plus, là ce sont mes hommes et elle ne compte pas, je ne la calcule même plus. Nous sommes « *entre nous* » et le reste n'existe plus !

Malheur à *l'étranger* qui viendrait à ce moment précis tenter de casser ce cercle !

Ils me parlent du groupe, de l'état d'esprit actuel, de leurs trois mois de présence en **Afrique** loin des leurs avec beaucoup d'entraînement pour peu de missions réelles, une certaine lassitude… Je m'en étais déjà rendu compte et c'est à moi de re-dynamiser le groupe !

On finit la soirée ensemble à boire des bières et à danser jusqu'au petit matin que nous attendons pour remonter sur notre nid d'aigles à bord d'un taxi vert, sentant le *quat* et la moisissure.

J'espère qu'il tiendra la distance !

Arta, Camp des *commandos marine*, 16/09/2000 – 10H

Je sue ! Cela fait 30 minutes que je cours par 38° à l'ombre et comme après chaque excès comme celui de la veille je me punis à ma manière… un bon footing sous le *cagnard* suivi d'une bonne séance de musculation.

Quelques *kangourous* dans ma tête me rappellent que j'ai un peu exagéré, je souffle, la montée est dure et c'est là que je regrette de peser 90kg pour 1m88 ! Vingt minutes plus tard, je franchis l'aubette, en nage, la tête prête à exploser !

« Le *pacha* vous demande de suite dans son bureau ! » me prévient au passage le gradé de faction.

Je ne prends même pas le temps de me doucher, je me présente au carré officier où, dès le seuil franchi, le *pacha* m'interpelle :

« Ah ! **Mandrier**, vous auriez dû prendre le temps de vous doucher ! »

« Bonjour commandant, ce n'est pas grave je le ferai après. Vous m'avez fait demander ? »

Le lieutenant de vaisseau **Routtier** est un nageur de combat. Il a pris le commandement du *commando Jaubert* auquel j'appartiens il y a un an. C'est un homme très proche de ses gars, très exigeant également, mais l'étant également avec lui-même on ne peut rien lui reprocher ! Après cette belle séance de sport la climatisation de son bureau me donne l'impression d'être entré dans un réfrigérateur.

« Oui asseyez vous ! Voici la situation **Mandrier**. La frégate *Forbin*, qui croise dans le détroit de **Babel Manded** au profit de l'embargo sur l'importation d'armes à destination de l'**Irak**, vient de repérer un porte-containers, le *Kenchou* que l'on sait être l'un des bateaux logistique d'*Al-Qaeda* ! »

« Qu'attendez-vous de moi commandant ? ».

« **Mandrier**, vous allez rejoindre le groupe B du *commando Hubert* avec une équipe à dix ainsi qu'un pôle *TE (tireurs d'élite)* du *commando Montfort* en soutien. Dans moins de 48 heures il faut que ce porte-containers se trouve dans le port de **Djibouti** sous notre contrôle ! ».

Comme d'habitude la mission fixée est claire et précise. Avant que je ne quitte la table du *pacha* il précise :

« **Mandrier**, voyez avec l'*OPS* pour les demandes de moyens et les modalités de cette mission ! »

« Très bien commandant, je m'en occupe de suite ! »

En sortant du carré, je tombe sur l'un de mes trois compagnons de la nuit que j'interpelle :

« Hey **Toto** ! Montes à l'escouade et préviens tout le monde. Qu'ils se préparent à partir dans la journée ! »

Dans le quart d'heure qui suit je prépare la mission avec l'officier *OPS* du commando.

Nous y réglons la mission dans ses moindres détails. Des vecteurs de mise en place au mode opératoire sans oublier les liaisons et évidement tous les cas non-conformes qui pourraient se présenter !

À 16h00 tapantes deux *pumas* du détachement de l'*A.L.A.T.* décollent avec à leur bord mon groupe de combat à dix complété d'un pool de quatre tireurs d'élite.

Les deux *hélicos* lourdement chargés prennent alors la direction de la frégate *Forbin* qui se trouve à 5 milles nautiques au Nord des **Sept Frères**. Nous y rejoindrons le groupe B du *commando Hubert*.

Mes hommes sont heureux, excités. Enfin de l'action !

Frégate *Forbin*, Océan Indien, 17/09/2000 – 18H

Steve, chef du groupe B du commando « *Hubert* » nous accueille. C'est un ami de longue date avec qui j'ai déjà eu l'occasion d'effectuer plusieurs missions.

Nous rejoignons rapidement le *PC opérations* pour assister au briefing du commandant du *Forbin.* Les coursives de ce navire flambant neuf de la marine nationale sont propres et larges contrairement aux anciens navires qui sentaient la peinture, les produits d'entretien et le gazole. Ici, hormis la couleur grise, on pourrait presque se croire sur un bateau de croisière.

« Messieurs, le déroulement de l'opération sera le suivant. Conformément aux résolutions de l'*O.N.U.* nous interrogerons le porte-containers sur le chenal 16 pour les aviser de l'envoi d'une équipe de visite. Cette dernière sera déposée à bord simultanément par voie nautique et aérienne. »

Après une petite pose et un rapide tour d'horizon le *pacha* du *Forbin,*un officier de marine de la vieille génération abrupt et direct, reprend son exposé.

« Elle sera soutenue par l'armement de la frégate et recevra l'appui, lors de sa progression, des tireurs d'élites positionnés dans les deux *NH 90.* Une fois les machines stoppées un commissaire du bord vérifiera les documents. Dans le même temps les équipes inspecteront le bateau. »

Alors que l'adjoint *opérations du Forbin* lançait le *power-point* de l'opération, *phase par phase* le commandant finalisa son briefing.

« Toute arme, munition ou marchandise suspecte à destination de **Bagdad** qui serait découverte à bord pendant la visite nous donnera la possibilité de prendre le commandement du bateau pour le dérouter sur un port allié, en l'occurrence **Djibouti** ! Ai-je été clair messieurs ! »

« Oui commandant ! »

L'adjoint *opérations* déroula alors les moindres détails de l'intervention.

Une heure plus tard nous étions prêts !

Port de Djibouti, 20/09/2000 – 15H

Cela fait une heure que nous avons remis l'équipage du *Kenchou* à l'état-major des forces françaises en place à **Djibouti**.

L'opération s'est déroulé à merveille sans un seul coup de feu malgré la découverte de containers contenant de l'explosif (du *C4* mais également des pains de *PLA NP* et des plaques de *Formex*) ainsi que de l'armement allant du fusil-mitrailleur type *Minimi* au poste de tir de type *Milan.*

Nous avons pris le contrôle du bâtiment en neutralisant les quinze membres d'équipage. Seul deux d'entres eux ont essayé d'utiliser des armes pour riposter, mais ils ont été désarmés et ceinturés.

En remontant sur **Arta**, je suis bien, j'aime ce sentiment que l'on ressent après une mission réussie ! Tous mes gars sont là. Ils ont bien bossés et j'ai un sentiment de fierté !

Lorient, 10/10/2000 – 21H

Je viens de retrouver ma femme et mon fils. Il a encore grandi, dire qu'il va déjà sur ses 6 ans !

Sa première question est bien sûr de me demander si je lui ai ramené quelque chose ! Il me fait la fête, me montre son carnet de note, ses dessins. Tant de choses à rattraper !

À minuit passé il ne veut toujours pas se coucher. Il me touche et n'arrête pas de m'embrasser, je le sens heureux. Je le suis également mais la fatigue le rattrape et il s'endort finalement sur le canapé. Je le porte dans son lit où je le regarde dormir un long moment, cela me fait du bien !

Katia, mon épouse, m'attend dans le salon où elle a baissé la lumière et éteint la télé, laissant juste un fond de musique. Elle me tend une coupe de champagne.

Je la désire, elle le sait. La réciproque est vraie également. Quatre mois d'abstinence, c'est long… On s'embrasse, on se touche, on se redécouvre. J'explore son corps à l'affût de chaque frémissement de plaisir, doucement on fait l'amour.

Au petit matin, fatigué on s'endort, épuisé, heureux. Au réveil on se rendra compte qu'on n'a même pas touché au champagne !

« Aïe ! Mais qui sait ce monstre qui me saute dessus ? »

Ce monstre ? C'est mon fils qui après sa bonne nuit me réveille et c'est reparti pour les questions.

« Dis papa combien de temps tu restes ? Dis, tu repars plus c'est promis ? »

Katia aussi me souffle à l'oreille qu'elle aimerait me voir plus souvent à la maison, que mes absences lui pèsent, que le petit me réclame souvent et qu'il pleure en rentrant de l'école car les autres enfants ont leur père chez eux tous les soirs.

Mais surtout **Katia** me parle de cette peur qu'elle a à chacune de mes missions, des informations qu'elle regarde avec la boule à l'estomac et de ce manque d'informations.

Où suis-je ? Dans quel pays et pour y faire quoi ?

Je la comprends car je ne parle pas jamais de mes missions. D'abord parce que je n'en ai pas le droit, ensuite car cela ne servirait qu'à l'affoler un peu plus encore.

Alors les journées que je passe avec eux j'en profite. Je donne un maximum d'amour et j'en reçois tout autant en retour ! Profiter de chaque instant et ne pas les gâcher par des disputes stériles pour profiter, rire et embrasser.

On a tous notre carburant. Mon carburant à moi, celui qui me sert à aller de l'avant c'est l'amour des miens mais aussi l'amitié, la vraie que me donnes mes amis !

Les quinze jours qui suivent ne sont que plaisirs, partages, amour et amitié. Cela fait du bien au corps et au cœur ! Puis un matin on repasse la porte de l'arsenal et c'est reparti.

Entraînement, aussi bien physique que technique avec du tir, de la plongée, des sauts en parachute. La mécanisation…

La formation continue ne s'arrête jamais !

Sans parler des nuits dans le froid et le crachin breton à effectuer des exercices d'extraction de ressortissants, de recherche de renseignements, d'exfiltration et de guérilla !

Lorient, 04/01/2001 – 10H

Je l'avais vu aux infos la veille. Le **Liban** est de nouveau en guerre et La **France** a peur pour ses ressortissants.

J'ai de suite compris qu'on n'allait pas tarder à partir et ça ne loupe pas !

Il y a une heure on m'a prévenu que je partais pour **Chypre** puis de là transit par *hélico* sur le *NTCD Mistral* en attente au large de **Beyrouth** avec deux groupes de combat. Une équipe de palmeurs du *commando Penfentonyo,* deux groupes de tireurs d'élite de *Montfort* mais aussi un groupe d'*Hubert* complètent les troupes !

Les *au-revoir* vont être rapides.

Je sais que mon fils ne va pas aimer, moi non plus d'ailleurs mais heureusement cette année j'étais là pour Noël !

Sud Liban, banlieue de Marjayoun, 11/01/2001 – 22H

« Faut pas qu'on traîne ici, faut se casser ! Préviens *Bravo 2* et *Bravo 3* qu'on décroche et qu'on joue le *PRG !* »

Autour de nous les bâtiments qui sont encore debout sont percés de part en part de trous béants. La route est encombrée par un nombre impressionnant de véhicules accidentés ou détruits. L'atmosphère est lourde et les odeurs de poudre et de poussière transportées par le vent qui s'est levé nous font cracher et nous essoufflent.

Mes ordres sont précis car la situation le nécessite !

En effet, les obus de mortier tombent autour de nous et la famille d'italiens que nous venons de récupérer au milieu de cette ville au Sud de **Beyrouth** est affolée. Leur fille, tout juste âgée de huit ans, crie à tue-tête et sa mère a bien du mal à la calmer !

Au loin je vois mes deux éléments en couverture (*Bravo 2* et *Bravo 3*) qui décrochent et tentent de rejoindre notre *PRG.*

Il faut faire vite, bientôt on ne pourra plus passer car à chaque coin de rues les israéliens se battent contre les membres du *Hezbollah.*

Merde, mon *point-man* est touché. Il tombe là, juste devant moi. J'hurle !

« Sorcier, à moi ! »

L'infirmier du groupe me rejoint. C'est un vieux marin avec qui nous avons déjà fait pas mal de missions. Validé commando c'est autant un guerrier qu'un infirmier et quel infirmier ! Nous nous mettons à couvert pour examiner le blessé. Fort heureusement la balle a juste traversé le bras de part en part. Nous lui mettons un pansement compressif et nous reprenons sans attendre la progression… faut surtout pas traîner trop longtemps dans le quartier !

En même temps que je m'y colle je rappelle à mes gars nos bases de progression en *diamant* :

« On ouvre les yeux, on vérifie chaque ouverture, on ne s'affole pas et pas de risque inutile ! Les civils au cœur du *diamant !* »

Au *PRG*, après l'échange des mots d'identification et d'authentification nous pouvons enfin récupérer notre matériel lourd laissé là au préalable. Je lance alors à l'adresse de mon groupe mes nouvelles directives.

« Ok ! Maintenant on fait fissa, la *DZ de récup n° 1* est polluée., impossible de l'utiliser. Il nous faut aller directement à la *DZ* de secours. Nous avons tout juste une heure les gars pour faire 1,5 kms. Va pas falloir traîner ! »

D'un rapide coup d'œil je sais que mes gars ont capté et je complète avec un dernier conseil.

« Mais on reste prudents ! »

En disant ces mots j'observe à nouveau mon groupe. Cela fait trois ans que je travaille avec les mêmes. Ils sont calmes, ce sont des « *pros* » ! Pas d'affolement dans leurs regards car ils ont confiance en moi. Ça me touche et me force à donner le meilleur de moi-même.

Surtout ne pas les décevoir !

Nous reprenons la progression tandis qu'au loin on entend le tir des obus de mortiers et trois secondes plus tard tout tremble autour de nous, mais il faut avancer. Le seul véritable danger est le tireur isolé dont il faut se méfier mais nous sommes tous aux aguets !

Enfin la *DZ* est là, devant nous.

« **Marc**, **Pierre**, allez faire une reconnaissance et dites moi si c'est clair ! Sorcier voit notre blessé. **Yann**, donne à boire aux civils. »

Après avoir reçu confirmation que la zone est claire j'ordonne la mise en place du balisage. Sur un signe mon radio envoie le mot code et un quart d'heure plus tard nous voilà tous répartis dans les deux *Super-Pumas* du *COS*.

Direction le *Mistral* qui croise au large.

J'adore cet instant. Là, au milieu du vacarme des rotors, je savoure en voyant la famille qu'on vient de récupérer qui s'embrasse pendant que mes hommes se tapent dans la main. Des moments qui restent gravés au fond de nous et surtout le sentiment d'être utiles !

Depuis deux jours, nous faisons route vers **Larnaca** à **Chypre** afin d'y déposer les ressortissants que nous avons récupérés, trois cents au total.

En cette fin de journée je prends l'air sur le pont d'envol et mes pensées vagabondent. Je suis loin de tout, loin de chez moi, de ma femme et de mon fils mais c'est tellement bon de penser à eux en regardant le sillage que laisse le *Mistral* sur la mer.

Soudain je sens une présence derrière moi. Je me retourne et je vois le père de la famille italienne. Il me regarde, me sourit puis me tend la main et dans un français approximatif il me dit :

« Merci beaucoup à vous et à vos hommes. Vous avez sauvé ma famille ! *Grazie mille*, merci ! »

Je lui réponds par une phrase bateau du style « *on n'a fait que notre travail !* », mais je suis touché !

Parfois un simple mot, une attitude, valent le plus beau des cadeaux !

Lorient, 18/03/2001 – 21H

Je suis chez des amis. **Charlie**, un homme du style bourru. Un costaud, joueur de rugby à la tête rasé et au cou de taureau, commerçant de profession. Je sais qu'en cas de besoin il sera toujours là.

Il le prouvera par la suite…

Nous sommes en tout et pour tout une dizaine d'adultes et nous passons la soirée à se charrier les uns et les autres. Nous ne sommes que deux militaires au milieu de tous ces civils. Ça fait du bien de ne plus être dans un milieu militaire, de pouvoir se mêler à la vie *normale*.

C'est dans ces moments-là qu'on oublie les horreurs qu'on a pu vivre et les peurs qu'on a pu avoir…

Ah la peur ! C'est quelque part notre meilleur amie toujours présente, sournoise mais là qui reste tapie au fond de nous !

Alors on la contrôle et on la surmonte mais c'est en même temps un merveilleux baromètre du danger qu'il y a en face de nous et on s'en sert. Elle finit par devenir notre complice, on la décrypte et elle nous permet de nous surpasser !

En cours d'action elle nous laisse souvent tranquille car on n'a pas le temps d'y penser. Trop de choses à faire mais dès qu'on revient au calme elle en profite pour se rappeler à notre bon souvenir !

« Je te salue vieille amie ! Continues longtemps à venir me voir. C'est le signe que je suis toujours vivant ! »

Saint-Raphaël, 10/08/2001 – 16H

Nous sommes sur la plage ! Elle est bondée de touristes qui sont là pour profiter de la **côte-d'azur** et de son soleil.

Au loin on aperçoit des bâtiments de guerre qui se préparent au défilé nautique du 15 août en commémoration du débarquement de **Provence**.

Je joue avec **Paul**, mon fils. Entre châteaux de sable et des bagarres dans l'eau on fait un peu de bruit et j'avoue que **Katia** a du mal a lire son livre !

Soudain **Paul** s'arrête de jouer. Il regarde les *bateaux gris* qui croisent au loin les bâtiments de guerre puis me dit :

« Papa, je ne veux plus que tu partes loin de nous ! Tu me manques trop et j'ai trop peur que quelqu'un te tue ! »

Je le rassure mais je ne peux évidemment rien lui promettre alors je noie le poisson et dans la foulée je l'empoigne pour le jeter dans l'eau afin que nos jeux reprennent. Je veux juste profiter à fond de ces moments de partage d'émotions et de joies simples.

Après une bonne heure à s'amuser entre hommes je rejoins **Katia** qui s'arrête de lire. Elle me parle d'avenir et me demande si j'ai prévu une date pour quitter l'armée ou du moins pour obtenir un poste sédentaire… Un poste sédentaire? Elle le sait que j'en suis incapable ! Voir les autres partir et moi rester ? Ça m'est impensable !

Paul nous a entendu et il intervient à nouveau.

« Oui papa, quitte l'armée. Je te veux tous les jours pour me raconter une histoire le soir et pour m'amener à l'école, faire mes devoirs et jouer au football. Dis papa, tu vas quitter, promis ? »

Comment puis-je promettre ceci à mon fils ? Oui j'aime ce que je fais et ça fait vingt ans que cela dure et puis j'ai besoin d'adrénaline, de ce stress et de cette tension. C'est ce qui me permet d'avancer, de me sentir vivre.

Mais c'est vrai que je sens par contre un manque, une douleur de leur part et c'est vrai que c'est un sacré métier d'égoïste ! Je prends mon pied aux quatre coins du globe pendant qu'ils attendent tous les deux à la maison en regardant les informations et en se faisant un sang d'encre.

Depuis que **Paul** va à l'école, j'ai loupé toutes ses rentrés scolaires, beaucoup d'anniversaires et je n'ai passé que deux **Noël** avec lui depuis sa naissance…

Lorient, 05/12/2001 – 10H

Je viens d'atterrir à l'aéroport militaire de **Lann-Bihoué** après un séjour de quatre mois dans le sud de l'**Afghanistan**, dans la région de **Spin Boldak**, à chasser le taliban avec les forces spéciales américaines.

Mission dure et éprouvante pendant laquelle, en plus, on a perdu l'un des nôtres ! Mort en héros à la tête de son groupe en contournant une équipe de talibans qui nous avait tendu une embuscade. Il s'est pris une balle en pleine tête ! C'est dur et le moral en a pris un coup !

On est prêt à tout, à s'entraîner et aguerris mais de perdre un frère de combat ça fait mal. Ça vous prend aux tripes alors on garde pour soi, on intériorise !

Ça ne pleure pas un homme chantait **Johnny**, non ça ne pleure pas mais ça morfle et on se sent tous responsables. Les *si j'avais*, les *s'il avait* trottent dans nos têtes. Les souvenirs ressurgissent, lui chantant lors des soirées africaines au coin du feu ou dans les bars enfumés de **Bretagne**. Oui tout ça revient mais ça ne pleure pas un homme et puis il faut avancer, il faut continuer le combat !

Alors on avance, on range le matériel et on rentre chez soi où il faut se réadapter et retrouver son équilibre !

Heureusement nous n'étions pas à la cérémonie grandiose organisée pour ses obsèques. Je dis heureusement car cela aurait été trop dur ! Trop de monde et si peu qui savent, si peu qui pensent comme nous. Et puis sincèrement je déteste cette hypocrisie avec ces personnalités et ces gradés qui viennent là parce qu'il faut y être. Je ne le supporte pas !

Nous n'avons pas besoin de ça car notre ami on y pensera chaque jour et quand on passera devant sa tombe on y boira une bière avec lui à rire de ses bêtises. Je pense qu'il aurait préféré cela, en tous cas moi oui !

Alors après tout ça notre maison nous paraît si calme, un havre de paix. Parfois seul, mélancolique et assis dans un coin les yeux dans le vague à repenser à refaire le combat mais aujourd'hui **Paul** est là. Il me saute dessus, m'oblige à sortir de ma torpeur et à jouer avec lui.

La vie reprend le dessus, on refait l'amour à sa femme, on boit, on rit, on chante mais au fond de nous reste ce manque, ce truc qui fait qu'on y pense et qu'on y pensera toujours !

Saint-Mandrier, 25/01/2002 – 18H

Je retrouve la salle *OPS* du commando *Hubert* pour assister à un briefing en vue de l'exercice majeur de simulation de prise d'otages d'un ferry effectuant la traversée **Alger – Marseille**.

Une simulation annuelle bien utile pour toutes les traversées vers les destination supposées *à risques*.

L'élite des unités à même de gérer les situations de ce genre y est réunie. Du *GI* (*GIGN*) aux représentants des commandos *Hubert*, *Jaubert* et *Trepel*, mais aussi de *Montfort* avec leurs tireurs d'élite.

Le mode opératoire est connu, presque toujours le même avec une action coordonnée d'un élément nautique et d'éléments héliportés. Le but principal de cet exercice est l'entraînement combiné de plusieurs unités avec la coordination des moyens et l'amélioration des techniques de franchissement et d'investigations.

La veille nous étions presque tous dans un bar de la presqu'île au siège du club de rugby local dont le gérant est un ancien mécanicien du commando *Hubert*. Un véritable lieu de rencontre et d'échanges. Aux murs, des tapes de bouches des différentes unités qui sont passées par là rappellent que ce lieu est un passage obligé pour tous les militaires, surtout les marins, se trouvant dans le coin.

C'est un moment important, *entres nous* à refaire le monde, à parler de nos missions et surtout des potes, de ceux qui n'y sont plus, partis dans le civil ou disparus. Ça fait du bien de ne jamais oublier !

Passe à ce moment une patrouille de la police municipale avec à son bord un ancien chef d'escouade de *Jaubert* !

Embrassades, la joie de se revoir, on ne s'oublie jamais :

« Commando un jour, commando toujours ! »

En repartant, je sens que cet ami devenu policier municipal en a pris un coup au moral… Nostalgie quand tu nous tiens mais je sais qu'un jour mon tour viendra !

Toulon, 27/01/2002 – 22H

L'exercice s'est très bien déroulé et ce soir on décompresse !

Mon caporal adjoint est venu me voir pour me demander si l'on pouvait faire un repas escouade ce soir. Bien évidemment j'ai accepté.

Un repas escouade ? Tout un programme !

Ça consiste en une vingtaine de types qui se retrouvent dans un restaurant à refaire le monde, leur monde. Les discussions sont parfois houleuses, souvent même, mais ça permet de mettre le doigt là où ça fait mal. L'alcool aide souvent les plus timides à parler. Mais surtout c'est l'occasion pour ce groupe plus habitué à cohabiter en pays hostile, en zone d'insécurité, à se battre côte à côte, d'être là ensemble à partager un moment de plaisir simple. J'ai toujours aimé ces soirées là, elles sont nécessaires à notre équilibre. On boit, on mange, on parle et bien sûr on chante nos chansons qu'elles soient paillardes, marines ou militaires avec comme fils rouges *le Forban*, *le pont de recouvrance* et bien sûr l*oin de chez nous*.

Loin de chez nous... c'est une chanson connue par tous les régiments de **France**. Chacun la personnalisant à sa sauce mais le fond est le même. L'histoire d'un homme mort, *là-bas,* loin de chez lui et qui demande à ses compagnons d'aller voir sa mère pour lui demander pardon d'être parti si vite.

Cette chanson nous touche car nous avons tous perdu quelqu'un *là-bas* et du coup quand on la chante on ferme les yeux et on pense à eux !

Salut **Yannick**, salut **Eloï**…

Alors ce soir dans ce restaurant de la basse-ville de **Toulon** coincé entre le port et les rues commerçantes on discute et on refait *nos guerres*. Parfois on murmure pour ne pas se faire entendre mais parfois on crie à tue-tête. C'est notre monde, notre bulle et il faut surtout montrer patte blanche pour y entrer. Cette soirée, c'est trois mois de discussion assurés entre nous sur les exploits d'un tel ou la gueule de bois d'un autre.

Un pays d'Afrique de l'Ouest, 15/02/2002 – 16H

Le pays est en guerre civile. Une partie de l'armée s'est retournée contre le régime en place et a formé une junte !

Après avoir assuré l'évacuation de plus de 300 ressortissants nous sommes restés à une vingtaine de commandos afin de protéger l'ambassade de **France** et son ambassadeur. Peu de monde dans la ville principale où nous nous trouvons. Les rues sont désertes et beaucoup de cadavres jonchent encore le sol ce qui laisse planer dans l'air cette odeur douceâtre et nauséabonde de la mort. Les militaires de l'armée régulière patrouillent sans cesse à la recherche de rebelles.

Alors que j'escorte ce dernier lors d'un de ses déplacements diplomatiques chez le consul de **Grande-Bretagne** des obus se remettent à tomber ! Les rebelles tentent une offensive sur la ville et il nous faut rentrer, vite.

Par radio je préviens mon capitaine, resté à l'ambassade :

« Préparez réception pour retour d'urgence ! »

« Tout est paré, ralliez immédiatement » me répond-il !

J'ai de la chance, le lieutenant de vaisseau commandant le détachement est un homme de terrain. Il est issu du rang mais on se comprend et on se respecte. Nous avons une confiance réciproque et ça aide lors de situations délicates. Cela n'est malheureusement pas toujours le cas avec tous les officiers…

Il me faut maintenant convaincre le diplomate. Je frappe à la porte du bureau du consul de **Grande-Bretagne** et je rentre avant même d'avoir obtenu une réponse.

« Monsieur, nous devons rentrer. Suivez moi je vous prie ! »

J'ai de la chance car l'ambassadeur me suit immédiatement. Heureusement pour lui car sinon je l'aurais forcé comme je l'ai déjà fait avec d'autres personnalités que je protégeais. Par moment il ne faut pas discuter !

Par radio je demande aux trois véhicules de l'escorte de se positionner, parés à partir, puis je récupère mon dispositif pédestre au bas de l'escalier. Il ne nous reste que 200 mètres à faire pour rejoindre les véhicules.

« Allez les gars ! On est parti, formation pointe en avant et on ne s'arrête pas, on fonce ! »

Je tiens l'ambassadeur par les épaules et l'oblige à se baisser un peu bien qu'il soit très grand. Alors que nous avons les véhicules en visuel j'entends un sifflement caractéristique qui se rapproche…

Ma réaction est immédiate :

« Tous à terre, vite ! »

Au moyen d'un geste technique longuement travaillé je précipite l'ambassadeur au sol puis je roule sur lui. Deux secondes plus tard tout tremble autour de nous, les vitres volent en éclat et des débris tombent partout autour du groupe. Par expérience je sais que nous disposons de précieuses secondes avant qu'un autre obus ne tombent.

« Debout, debout ! On repart et on ne s'arrête plus ! »

Nous embarquons à la volée dans les voitures et nous démarrons en trombe !

« Monsieur l'ambassadeur, couchez vous sur le siège ! »

Je fais entrouvrir les vitres afin d'anticiper l'effet de souffle que pourrait produire un obus qui viendrait à exploser à proximité. Le véhicule qui ouvre le convoi roule à vive allure très loin sur l'avant et nous ouvre la route aux différents *check-points*. Derrière, à deux véhicules, nous assurons une progression rapide mais en sûreté. Je suis heureux de constater que le stage de conduite effectué avec des membres du *GSPR* (Groupe de sécurité de la présidence de la République) porte ses fruits !

Une fois arrivés sains et saufs à l'ambassade nous nous réfugions au sous-sol où nous avons installé nos abris. Seule l'équipe de surveillance, lourdement armée, reste en surface.

Mon capitaine me tape alors sur l'épaule :

« Bravo **Jacques** ! Du bon boulot ! »

Voilà, cela suffit à mon bonheur, pas plus !

Surtout venant de lui, de ce capitaine. Il a la quarantaine et c'est un homme sorti du rang, père de deux enfants, avec un caractère très fort et un charisme indéniable. C'est un véritable homme de terrain qui préfère l'action aux palabres. Alors un compliment de sa part ça vaut largement une médaille.

D'ailleurs la reconnaissance d'autrui est la plus belle des médailles justement ! Tout à l'heure quand tout sera calmé je ferai de même avec mon équipe. Je suis fier d'eux !

Lorient, 15/07/2002 – 20H

Je suis chez moi, seul.

Ma femme et mon fils sont partis en déplacement touristique sur **Paris** avec le club de gymnastique de **Katia** et j'attends leur coup de fil ! Tiens, là c'est bizarre et pour une fois c'est moi qui attend… Ça change et c'est dans ces circonstances qu'on se rend compte à quel point l'attente est longue lorsque l'autre est loin !

Katia ? Cela fait neuf ans que je la connais. On s'est rencontrés grâce à **Charlie**, du moins **Caroline** son épouse, qui l'avait invitée pour un réveillon de fin d'année. Ce jour-là j'ai reçu une décharge en plein cœur !

Ça a été le coup de foudre immédiat. Un regard, un seul, aura suffit pour me faire comprendre que c'était la femme de ma vie.

Avant je ne croyais pas à ces choses là mais au cours de cette **Saint-Sylvestre** il s'est passé un truc. Ne me demandez pas quoi ! Et le fait de l'embrasser sous le gui à minuit n'a pas arrangé les choses.

Résultat ? On s'est marié et on a un fils formidable !

En attendant leur appel j'allume la télévision pour suivre les infos qui restent mon meilleur indicateur pour prévoir la destination de ma future mission. Et là je prends l'information de plein fouet !

Un attentat terroriste a eu lieu à **Paris** où un engin explosif vient de péter au musée du **Louvre** !

Le **Louvre** ! Merde, c'est là que devaient aller ma femme et mon fils aujourd'hui…

Immédiatement je suis pris d'angoisse, la chaleur qui monte et les mains qui tremblent. Moi qui ai toujours fait face je suis là comme un con à ne rien pouvoir faire qu'attendre. Il me faut deux bonnes minutes pour me calmer et composer son numéro de portable… répondeur !

Je recommence, dix fois, cent fois et toujours pareil ! J'essaie d'appeler mes beaux-parents et là non plus pas de réponse, personne !

Je file sur le net pour avoir des infos sur l'attentat mais je n'y trouve pas grand-chose et je suis de plus en plus inquiet avec **Katia** qui n'appelle toujours pas ! La maison me paraît vide, froide ! Je passe du canapé au bureau puis du bureau au jardin.

Je suis en folie quand à 21H le téléphone sonne. J'entends une voix impersonnelle qui s'inquiète de mon identité :

« Jacques **Mandrier** ? »

« Oui… qui est à l'appareil ? »

Et la réponse tombe alors qu'inconsciemment je sais déjà…

Une réponse cinglante qui m'annonce que mon fils et ma femme sont hospitalisés au **Val de Grâce** après avoir été blessés dans l'attentat de cet après-midi !

Je raccroche et je me retrouve, seul, face à une réalité que je ne connaissais pas… Moi qui ai toujours tout préparé, tout étudié même ces foutus cas *non-conformes*, je me sens dépassé, perdu.

Je me surprends à hurler dans notre maison vide :

« Mais merde réagis, fais quelque chose ! »

Je saisis le téléphone et j'appelle **Charlie**. Il vient tout juste de fermer le magasin mais une heure plus tard nous sommes sur la route, direction **Paris**.

Quelle richesse que d'avoir un ami, un vrai !

Dans la voiture je ne dis pas grand-chose. Lui téléphone pour gérer l'ouverture de son magasin le lendemain. La réponse de **Caroline** (que nous appelons tous *maman*) face aux inquiétudes de **Charlie** ne se fait pas attendre :

« **Charlie**, occupe toi de **Jacques** et ne t'inquiète pas pour le magasin, je gère et en cas de problème j'appelle **Guy** ! »

Guy est leur fils aîné. Un autodidacte, qui a monté sa propre entreprise de cosmétique. Tout à coup je réagis que dans l'affolement je n'ai même pas prévenu ma hiérarchie.

J'attrape mon portable et je téléphone à **Alain**, mon adjoint. Je lui demande de bien vouloir prévenir le *pacha* que je prends quelques jours et de lui en expliquer la raison.

Puis le silence s'installe dans la voiture. Je regarde la route qui défile, sans même la voir et les voitures qu'on double. Des voitures à l'intérieur desquelles il y a des rires, des sourires et parfois aussi des visages graves !

À chacun sa vie, à chacun ses soucis !

Je propose à **Charlie** de le remplacer au volant mais il ne veut pas… il est aux petits soins pour moi ! Le trajet me paraît long, trop long.

Paris, 16/07/202 – 07H

On arrive enfin dans la capitale, direction l'hôpital d'instruction des armées du **Val de Grâce**. Avec l'aide du *GPS* nous trouvons sans mal le 74 boulevard de **Port Royal**. **Charlie** n'a même pas le temps de trouver une place que je pars en courant vers l'accueil.

« Bonjour, je suis monsieur **Mandrier**. Ma femme **Katia** et mon fils **Paul** ont été admis hier suite à l'attentat au musée du **Louvre** ! »

J'ai lâché cette phrase sans respirer en espérant que la réceptionniste m'annonce qu'ils m'attendaient pour rentrer. Bien au contraire elle me propose un siège et me demande d'attendre cinq minutes qu'un médecin vienne me voir.

Cette réponse me fait l'effet d'un coup de poignard dans la poitrine. Trop de questions arrivent en même temps dans ma tête. Un médecin ? Mais pourquoi un médecin…

J'ai peur !

Je ne peux m'asseoir et je tourne en rond en guettant les ascenseurs. C'est long, trop long et je sens mon cœur qui se remet à battre la chamade. Mes mains sont moites. J'essaie de me convaincre de me calmer, je me dois d'être fort. Je sens alors la main de **Charlie** qui se pose sur mon épaule.

J'observe dans ce hall le va-et-vient incessant de ces gens qui marchent tous d'un pas pressé. Certains ont le sourire, d'autres le visage grave. Dehors, dans le jardin, des malades sont là qui fument et prennent l'air. Le bruit des pas et des discussions n'est couvert que par la sonnerie du téléphone de l'accueil.

Je regarde **Charlie**.

« Merci d'être là mon ami ! »

Il me répond d'un simple clin d'œil.

Le médecin arrive enfin. Blouse blanche, la cinquantaine, sûr de lui. Je le sens porteur de mauvaises nouvelles.

« Monsieur **Mandrier** ? Professeur **Lamarche**, je vous en prie asseyez vous ! »

Il accompagne son invitation d'une pression sur mes épaules et je consens finalement à m'asseoir.

« Ma femme et mon fils, docteur, comment vont ils ? »

« Ce que j'ai à vous annoncer n'est pas facile à entendre et j'avoue que je déteste faire ça ! »

Sa voix est remplie d'émotion. Ma bouche est sèche et mes yeux trempés de larmes car j'ai compris.

Après avoir éclairci sa voix d'un raclement de gorge il m'assène la terrible vérité.

« Monsieur **Mandrier** je suis désolé mais nous n'avons rien pu faire pour votre fils… Il a été tué sur le coup dans l'explosion, il n'a pas eu le temps de souffrir ! Quant à votre femme elle a subi un grave traumatisme crânien qui l'a plongée dans un coma profond, ou de stade 3 si vous préférez ! »

Si je préfère ? Mais j'comprends rien à son vocabulaire ! Stade 3, coma profond, ça veut dire quoi ? Je viens de perdre mon fils, ma femme n'est plus qu'un légume et il me demande ce que je préfère…

Je suis abasourdi, je ne peux même pas parler. Je suis vidé, on m'a tout pris, tout pompé. Je suis amorphe !

Derrière moi **Charlie** pleure mais il se reprend en séchant discrètement les larmes qui coulent sur son visage car il sait que je vais avoir besoin de lui, besoin de tout le monde.

Je ne sais pas combien de temps je suis resté prostré mais quand je reviens à la réalité j'ai un verre d'eau en main et je vois le professeur qui parle avec la femme de l'accueil.

Me voyant réagir il revient vers moi. Je lève la tête et dans un murmure je lui demande :

« Ma femme, docteur, que peut-on faire pour ma femme ? »

« Malheureusement, pour l'instant pas grand-chose ! Nous lui avons fait passé tous les examens possibles, scanners et autres… Nous lui assurons une ventilation mécanique afin de prévenir toute défaillance respiratoire en espérant une évolution positive de son état. »

Tout ce que je comprends c'est qu'ils la maintiennent juste en vie et qu'ils attendent ! Il n'y a donc rien d'autre à faire ?

« Puis je les voir docteurs ? »

Il acquiesce d'un mouvement de tête et alors que nous déambulons dans les couloirs impersonnels de l'hôpital je sens le bras de **Charlie** sur mon épaule.

Nous arrivons devant une porte où l'inscription *chambre funéraire* finit de m'achever.

Des morts ? J'en ai vu durant ma carrière. Des mutilés, des gosses, des jeunes, des vieux mais là derrière cette porte c'est la chair de ma chair, c'est mon fils que je vais retrouver mort !

« Tu te sens d'y aller **Jacques** ? » s'inquiète **Charlie**.

« Tu ne préfères pas attendre un peu ? »

Attendre quoi ? Ne jamais reculer, tel est ma devise mais je sens bien que c'est ridicule en cet instant ! En pénétrant dans la salle je le vois de suite, mon enfant, mon bébé, là, allongé les yeux fermés. Il a l'air endormi mais il y a un truc qui cloche. Lui qui souriait tout le temps il a le visage grave.

Alors je craque. Je me penche sur lui, je l'embrasse et la froideur de son corps me refile un uppercut en plein cœur. Je crie comme un fou, j'hurle ma haine, mon chagrin !

Je ne sais pas combien de temps je suis resté comme ça, prostré, et je me rappelle juste qu'en me retournant j'ai vu **Charlie** les yeux rougis qui me tendait les bras où je m'écroule en larmes.

Mais voilà il était écrit qu'aujourd'hui j'allais souffrir, alors on continue ce parcours du combattant, le pire que j'ai connu de toute ma vie.

On sort de la morgue en laissant cette pièce sans âme, impersonnelle, où mon fils est là sans vie et nous prenons un ascenseur en piteux état dont la porte s'ouvre sur un long couloir obscur qui nous mène dans la chambre de **Katia** située dans le service des soins intensifs.

J'essaie de me reprendre, je souffle.

Avant d'affronter cette nouvelle réalité je file aux toilettes et je m'asperge le visage d'eau fraîche, cela fait du bien.

Ne pas craquer, faire face !

Avant même d'entrer dans la chambre, à travers la vitre je l'aperçois allongée sur ce lit avec des tuyaux qui semblent sortir de son corps dans tous les sens. La ventilation mécanique, un énorme bandage sur la tête, c'en est trop et je sens à nouveau les larmes qui montent.

À travers mes dents serrées je me surprends à marmonner.

« Arrêtes de chialer maintenant. Merde, soit un homme ! »

Mais j'ai beau me dire ça, je ne me contrôle pas.

Forces spéciales ? « Mes couilles » oui !

On est tous pareils face à la douleur quand elle vous prend plein fer comme ça !

Avant de me faire entrer on m'équipe comme un astronaute et me voila enfin à son chevet. Je lui prends la main. Sa peau est tiède. J'avais tellement peur de sentir à nouveau le froid de la mort ! Le docteur et **Charlie** sont restés à l'extérieur et seul avec Katia je me lâche, contenant au mieux mes sanglots.

« **Katia**, mon amour. Bats toi ! J'ai besoin de toi, de ta force, de ton soutien. Reviens moi vite. J'ai besoin de ton sourire, de tes engueulades sur le bordel que je mets dès que je franchis la porte mais aussi de nos rires et de tes lèvres. **Katia**, ne me laisse pas seul face à la douleur ! »

Je viens de lui murmurer ces mots mais je ne la vois pas bouger. Elle n'a pas de réaction, pas de pression dans ses doigts ni même un clignement de sourcils pas plus qu'un sourire sur ses lèvres.

Je reste là un bon moment assis à côté d'elle dans le silence de cette chambre. Silence seulement troublé par le bruit mécanique des appareils respiratoires et le bruit faible des battements de son cœur amplifié par le moniteur *cardio*.

D'un léger cliquetis sur la vitre de la chambre le docteur m'invite à sortir. Il a raison, **Katia** a besoin de repos et je la quitte après avoir déposé un baiser sur son front. **Charlie** n'est plus là et le docteur m'apprend qu'il est allé gérer les formalités pour le décès du petit.

Je le rejoins à l'accueil et je vois bien que lui aussi est effondré.

« Viens **Jacques** je te paie un café ! »

Nous quittons l'hôpital pour nous installer en terrasse de la brasserie **Le Royal**. Les cafés commandés, **Charlie** s'absente et revient après avoir acheté plusieurs journaux pour en apprendre plus sur l'attentat dont tout le monde parle autour de nous. Il aurait fait plus de 20 morts et une centaine de blessés !

D'habitude je ne me sens pas concerné par tout ça. Du moins j'ai rarement de la tristesse pour les familles en deuil. J'ai toujours appliqué bêtement les vieux principes du *chacun ses soucis* et du *tant que cela ne me touche pas directement* !

Mais voilà, c'est mon tour d'être touché… et de plein fouet !

Face à ma tasse de café je suis ailleurs. J'écoute les conversations qui vont bon train avec leurs litanies d'à-priori et autres conneries qui ont séance en pareilles circonstances.

Là on soupçonne les intégristes, ici les fous de Dieu. J'entends tout et n'importe quoi mais je m'en fous car je suis dans mon monde. Je n'ai ni envie de penser et encore moins de dire quoi que ce soit !

J'essaie de lire les premiers comptes-rendus de la presse mais j'ai du mal à me concentrer et sans cesse me reviennent les images de mon fils et de ma femme.

Je me sens seul, vidé.

Charlie commande deux autres cafés, ça tombe bien car c'est tout ce que je peux avaler. Parfois je ressens ma gorge qui se noue et mes yeux qui s'embuent mais je refuse de replonger, je dois me ressaisir !

D'un coup, d'un seul,je me lève. **Charlie** veut me suivre mais je lui demande de me laisser. Il faut que je marche seul et il le comprend très bien.

Avant que je ne sois trop loin il me lance :

« Appelle dès que tu as besoin, je serai là ou à l'hôpital ».

Rapidement je me retrouve au milieu de la foule. Je remonte un boulevard bordé de demeures *Haussmannienne* puis je passe devant la clinique du sport **Saint-François** où j'étais venu voici deux ans voir un de mes gars qui s'était blessé après un saut en parachute.

Le séjour avait été plus gai…

Je longe rapidement le **jardin des plantes** et je me retrouve pont d'**Austerlitz** où je m'arrête un court instant pour regarder la **Seine** avant de rejoindre les quais vers le Nord.

Je me retrouve rapidement devant le parvis de **Notre-Dame**, cette superbe cathédrale ! Soudain j'ai juste envie d'y entrer.

Je vois qu'elle est ouverte, j'y pénètre.

L'ambiance et le climat qui y règnent me mettent mal à l'aise et m'apaisent à la fois. Quel drôle de contraste de sentiments. Je ne maîtrise plus grand-chose.

Je pète un câble, c'est clair.

Je m'assois face à l'autel et je me surprends à prier, enfin presque…

« **Dieu** pourquoi ? Pourquoi laisses-tu faire ? Pourquoi en ton nom y a-t-il tant de massacres et pourquoi laisses-tu tant des gens souffrir ? Mais qu'avait donc fait mon fils pour mériter de mourir si jeune ? »

J'ai envie de crier, de m'expliquer avec lui, **Dieu le Père**. Celui qui juge, qui dicte, qui pardonne ou condamne !

Je hais la religion, non pardon, je hais les religions. Toutes celles qui se trouvent des excuses pour tuer, torturer, faire souffrir.

Je hais les hommes endoctrinés par toi, religion !

Oui je hais toutes les religions et nous catholiques pas plus que d'autres n'avons les mains propres et ce ne sont pas les protestants, victimes de la **Saint-Barthélemy**, ou les **amérindiens**, victimes des conquistadors et de l'inquisition qui me diront le contraire !

Oui, là, tout d'un coup tout me revient en mémoire. Toute ma haine de l'intolérance et dans le même temps me revient à l'esprit mon séjour en **Afghanistan** où j'ai découvert la haine et le fanatisme des **Talibans**.

Cette haine de l'occident que déjà j'avais payée chère en perdant l'un des nôtres, un père de famille, qui se battait pour la liberté et pour la paix pour que nous ne subissions plus d'attentats meurtriers comme celui que venait de subir ma famille !

Serait-il mort pour rien ? Je le pense puisque quelques mois plus tard on tue encore au nom de la religion ! C'est du moins ce que disent les premiers éléments de l'enquête…

Oui, toi mon compagnon d'armes, toi qui te battait pour des valeurs et pour un idéal, qui a donné ta vie pour ça, de là où tu es tu dois te dire que c'est trop con de mourir pour rien !

Alors dans cette cathédrale je me pose mille questions sur **Dieu** et j'ai envie de faire comme **Jésus** dans le temple !

J'ai envie de tout balayer main finalement je me rends compte que quelque part je crois et j'ai envie de croire car je crois au paradis, à l'après, à la vie qu'il y a après car c'est le seul espoir que j'ai de revoir mon fils… et mon père, lui aussi parti trop tôt à mon goût !

Tiens mon père ! J'y repense à cet instant, enlevé à mon affection par une longue et pénible maladie qui l'a emporté et au final la douleur est la même. Une douleur en forme de manque que j'ai, du manque de ces envies de parler et de partager avec ceux que l'on aime et dont la mort nous prive.

Je me surprends alors à parler à cet homme qui me manque tant :

« Tu vois papa, là, j'aurais besoin de toi pour te demander conseil. Besoin de prendre de ta force et de m'appuyer sur toi. Cette prière c'est à toi que je l'adresse papa. Où que tu sois aides moi, guides moi ! »

Et soudain la réalité me reprend.

Merde ! Je n'ai même pas prévenu les parents de **Katia**, qui habitent à **Plœmeur** près de **Lorient**. Ils doivent savoir mais je me dois de leur dire même si c'est encore une épreuve qui m'attend !

Une fois de plus je dois être fort et ne pas flancher !

Je décide de quitter la cathédrale. Je suis hagard et je fais tel un automate le chemin inverse pour retourner à l'hôpital.

J'y retrouve **Charlie** qui fume sa clope dans le jardin devant l'entrée. Il me voit et vient à ma rencontre. Je lui dis pour les parents et la famille de **Katia**.

Il a beau me proposer de les contacter pour moi, je refuse. Je ne peux pas me débiner et c'est à moi que revient le devoir de leur annoncer.

Je me pose sur la calandre du 4x4 de **Charlie** et compose le numéro de mon beau père.

« **Francis**,?C'est **Jacques**, je vous appelle parce que…… ! »

Mon beau père me coupe :

« Oh **Jacques** !, tu as une drôle de voix, que se passe-t- il ? »

« S'il vous plait **Francis**, laissez-moi aller au bout sans m'interrompre ! Ce que j'ai à vous dire n'est pas facile. Voilà, vous avez dû voir l'attentat qu'il y a eu au **Louvre** hier après midi… Et bien votre fille et notre fils y étaient et.. »

Je n'arrive pas finir ma phrase, pris d'un sanglot que j'ai du mal à retenir. Je reprends mon souffle et d’un coup d’un seul, j’assène à **Francis** la terrible vérité :

« **Francis**, **Paul** est décédé et **Katia** est dans le coma ! »

Je reçois un silence en réponse et je le comprends car je viens de lui mettre un couteau en plein cœur.

Mais comment annoncer ce genre de nouvelles ? J’avoue, je ne suis pas formé et je l’ai fait brut de fonderie, comme ça ! C’est sorti et là je sens qu’au bout du fil c’est le diable que je viens de faire rentrer dans la maison de mes beaux-parents !

J’entends, impuissant, ma belle-mère qui demande ce qui se passe et pourquoi mon beau père pleure.

« Allo ? Vous êtes là, **Francis** ? »

Il me répond avec une voix enrouée.

« Oui, **Jacques**, je suis là ! Où est **Katia** ? »

« Au **Val de Grâce**. j’y suis avec **Charlie**. Je m’occupe d’elle. Elle est en soin intensif. »

Ce père et grand-père blessé me répond :

« Je monte de suite sur **Paris** ! »

Lorient, cimetière de Keryado, 20/07/202 – 16H

Ça y est ! On va mettre mon petit dans sa tombe… On a beau être en plein été il y a ce satané crachin breton que j'adore pourtant quand je cours mais qui là me déprime encore plus.

La cérémonie a été dure, longue, la famille de **Katia** est effondrée. Sa mère et son père ont pris vingt ans. Quant à sa sœur **Michèle** elle est restée sur **Paris** pour rester avec **Katia**.

De mon côté mes amis proches sont là et m'entourent, à commencer par **Charlie** et sa famille. **Guy**, en tête bien sûr, mais aussi tous mes compagnons de longue date : **Pascal**, **Pierre**, **Olivier**, **Alain**, **Éric**… ils sont tous là !

De ma famille je n'ai personne, plus personne. Fils unique avec une mère qui m'a abandonné à la naissance et un père disparu trop tôt.

Je n'ai que ma famille de cœur et elle vaut cent fois celle du sang !

J'ai été touché de voir la délégation de la *marine nationale.* Je ne parle pas de ceux qui sont venus parce qu'il le fallait, c'était la consigne et il fallait *mettre du monde.* Non pas d'eux mais je parle de mon *pacha*, présent et ému, de mon adjudant de commando, des gars de mon escouade : **Yann**, **Roland**, **Pascal**, **Bibiche** et tous les autres… Ils sont tous là. Ils partagent ma douleur !

Sans parler des curieux, de tous les curieux qui ont lu la presse qui bien sûr a fait ses gros titre car un habitant de **Lorient** a été victime des attentats de **Paris**. Qui plus est un parent de la famille des forces spéciales !

Un membre des forces spéciales censé combattre le terrorisme à l'extérieur de nos frontières et incapable de protéger sa propre famille dans un musée en **France**…

J'ai beau avoir mon esprit ailleurs je ne peux m'empêcher d'entendre les commentaires de personnes qui n'y connaissent rien mais qui supputent que c'était peut être dirigé, que c'était justement parce qu'il y avait des familles de militaires qu'il y a eu cet attentat.

Je me force à ne rien dire et à rester étanche à toutes ces remarques…

Ça y est ! Il le descende ce petit cercueil ridicule dans le trou qui va m'en priver à jamais. Déjà tout à l'heure à la mise en bière ce n'était pas facile de ne pas craquer mais là ça y est c'est la fin… C'est fini !

Je suis le premier à me poster, effondré, au pied de cette tombe qui sera la dernière demeure de mon propre enfant.

D'une voix incertaine je lui parle :

« Au revoir mon fils ! Je t'ai aimé, je t'aime et je t'aimerai toute ma vie. Tu as été le plus beau cadeau que la vie m'ait faite et malheureusement elle me l'a repris trop tôt ce cadeau ! Peut-être que je ne te méritais pas mais attend moi là-haut. Et puis vas voir ton grand-père et dis lui que son fils l'aime et qu'il te confie à lui pour finir ton éducation. Prépares moi une place pour qu'un jour, tous les trois, entres hommes on prenne l'apéro et qu'on se raconte des histoires. Je t'aime mon fils, je t'aime. Papa ! »

Je quitte le cimetière avant les condoléances. Je n'en veux pas. Il faut que je m'isole, que je respire.

Je rentre dans un bar proche du cimetière où je commande une bière que je bois en fermant les yeux et en imaginant mon père accueillir son petit-fils, lui aussi une bière à la main en lui disant *« Viens avec moi, on va regarder ton père vivre et puis l'attendre » !*

Santé à tous les deux !

Je sors du bar et à l'extérieur du cimetière je retrouve **Pascal** qui m'attend. **Pascal** est un ami, l'un de ceux qui extériorise très peu ses sentiments.

Nous sommes liés par une vraie amitié. Pas celle des *bisous* ou des paroles inutiles. Un ami au sens noble du terme.

Il me pose une main sur l'épaule, me regarde au fond des yeux. Dans les siens je vois qu'il partage ma douleur et que ça lui déchire le cœur mais qu'il veut me transmettre sa force, me faire comprendre qu'il est là !

Pas de long discours entre nous. On reste là dix secondes dans les bras l'un de l'autre et c'est cent fois plus fort que n'importe quelle parole de réconfort.

Merci mon ami !

Alors que je suis sur la route de la maison je pense qu'il faut que je m'organise. Il me faut poser des jours de *permissions exceptionnelles* pour que je puisse monter sur **Paris** et m'occuper de **Katia**, aussi…

C'est sûr, le *pacha* me les accordera !

Arrivé chez moi, instinctivement j'allume mon *ordi* car je veux savoir,. Je veux tout savoir sur les comas et leurs traitements. Je veux tout autant remuer ciel et terre pour offrir les meilleures chances de guérison à **Katia**.

Je suis tiré de mes recherches par la sonnerie du téléphone.

« Allo **Jacques**, c'est **Michèle** ! »

En pleurs ma belle sœur continue :

« **Katia** vient de mourir ! »

Paris, 22/07/202 – 23H

Je suis retourné seul au **Val de Grâce** !

J'ai refusé que **Charlie** et **Guy** m'accompagnent car je voulais rejoindre **Katia** sans personne et partager ces derniers instants seul avec elle.

Je n'ai pas voulu quitté le corps sans vie de **Katia** jusqu'à ce qu'elle soit dirigée vers la morgue de l'hôpital. Dès demain je la raccompagnerai à **Lorient** pour la mettre dans le même *trou* que notre fils…

Sans même savoir comment j'y ai atterri je me retrouve dans un bar de **Pigalle** où je commande mon énième *whisky-coca* ! Je ne sais pas ou plutôt je ne sais plus combien j'en ai bu et je me repasse le film de ma vie, de tous ces moments passés loin d'eux, de ces moments perdus, **Noëls**, anniversaires où j'étais en train de jouer au soldat au lieu de profiter d'eux !

Tout ça pour me retrouver là, seul comme un con, vraiment seul !

Je lève mon verre et je lance à la cantonade :

« À ta santé soldat de la paix, toi qui lutte contre le terrorisme et qui est incapable de protéger ta propre famille ! T'es à chier, mec, t'es à chier ! »

Bien entamé je sors du bar et je prends la **rue des martyrs** pour rentrer dans un autre estaminet, sans même en regarder le nom. Peu importe d'ailleurs. Ici aussi je retrouve la même ambiance avec la même musique et des lumières tamisées qui offrent un semblant d'anonymat à des filles et des types affalés dans des canapés ou assis sur des tabourets au bar. Chacun avec ses soucis et ses envies comme dans tous les bars du quartier.

Je commande la même drogue, à savoir mon *whisky-coca*. Une fille s'invite à ma table. Je ne la calcule pas, elle n'existe même pas pour moi.

Au bout d'un moment elle s'en rend compte et je l'entends juste m'adresser quelques mots doux alors qu'elle quitte ma table. Je n'y prête pas cas.

Je reste là un bon bout de temps à boire et écouter la musique en observant le manège des filles attirant le pigeon dans leur nid.

En quittant ce bar je marche et je remonte jusqu'à la **rue Saint-Lazarre** où je croise deux maghrébins, portant tenue traditionnelle et barbe. Ils ont tous deux la trentaine et sont de taille et de corpulence moyennes.

Je me mets à les insulter :

« Bande de terroristes, ! Vous voyez ce que fait votre religion de merde ? Vous n'êtes que des salauds, bande de lâches qui vous en prenez à des femmes et à des enfants ! »

Sur le coup les deux hommes sont surpris puis l'un deux fonce sur moi. J'esquive son attaque et lui envoie un uppercut au niveau des côtes flottantes. Il est séché !

Le second en a profité pour me ceinturer par derrière.

Je lui racle le tibia avec mon pied droit alors que ma main droite vient capter sa virilité que j'écrase et tords jusqu'à ce qu'il me lâche, surpris. Je fais volte-face et lui assène un terrifiant coup de tête sanctionné d'un *KO* sans appel.

Son compagnon d'infortune s'est relevé mais malgré l'alcool je n'ai aucun mal à le repousser alors que survient une patrouille de police qui nous embarque tous les trois *manu militari*, direction le commissariat du 9ème arrondissement, **rue Chauchat**.

Cette petite bagarre m'a fait reprendre mes esprits et j'explique à l'officier de police judiciaire qui prend ma déposition que mes deux antagonistes n'ont rien fait et que c'est moi qui les ai agressés. J'en profite pour lui demander également si je serais sorti demain à huit heures car je dois accompagner ma femme chez elle en **Bretagne**.

Le policier m'écoute raconter mon histoire, l'attentat, la perte coup sur coup de mon fils et de ma femme. Il comprend c'est sûr.

Je crois même qu'il compatit mais sa réponse est d'une logique imparable :

« Cela ne dépend pas que de moi monsieur **Mandrier**. Cela dépend directement des deux personnes que vous reconnaissez avoir agressées et qui, je vous le rappelle ont 2 jours d'*ITT*… S'ils déposent plainte vous devrez répondre de vos actes en comparution immédiate ! »

« Vous permettez que je leur parle s'il vous plaît ? »

Sans un mot le policier m'accompagne dans une pièce contigüe où se trouvent les deux maghrébins que j'ai agressés.

Je me poste face à eux.

« Messieurs ! Je voulais vous dire que je suis désolé de vous avoir provoqués mais j'avoue qu'actuellement je suis un peu déboussolé. J'ai de la haine en moi, de la haine face aux intégristes, face aux personnes qui ont perpétré cet attentat au cours duquel ma femme et mon fils ont trouvé la mort. Alcool aidant, en vous voyant j'ai fait un malheureux amalgame ! »

Je les vois surpris de ces quelques mots et avant même qu'ils ne réagissent je continue.

« Si vous décidiez de porter plainte contre moi et c'est votre droit, allez-y et j'assumerais mes erreurs. Encore désolé car vous n'y êtes pour rien ! »

Ils ne répondent rien et me laissent là, debout, face à eux !

Le policier me ramène alors dans le bureau où il décide de finir de prendre ma déposition. Pas pour longtemps car un de ses collègues vient annoncer que finalement mes *agressés* ont décidé de ne pas donner suite.

« Monsieur **Mandrier** vous avez de la chance… vous êtes libre ! En espérant que cela vous serve de leçon ! En attendant de prendre la route demain matin vous feriez bien de prendre un peu de repos ! »

Une fois sorti je saute dans le premier taxi qui passe.

« Hôtel *Sunny,* 48 **boulevard port royal** ! ».

Je ne vois rien du trajet et arrivé dans la chambre de ce petit hôtel deux étoiles situé à deux pas de l'hôpital du **Val de Grâce** je saute dans la douche et là je craque, je lâche tout !

Je laisse faire car depuis quelques jours je garde tout. Rien ne sortait mais là, sous la douche, je me laisse glisser dans le bac et assis, recroquevillé sur moi-même, l'eau me tombe dessus et je pleure !

Lorient, 05/08/2002 – 10H

Je suis chez moi !

C'est dingue la vie… en mourant ma femme m'a fait cadeau de notre maison. En effet le crédit que nous avions contracté était sur nos deux noms et du coup c'est l'assurance qui rachète le crédit et me voilà donc avec une maison estimée à un demi million d'euros et dont je n'ai même pas payé deux ans de crédit !

Mais cette maison je ne vais pas la garder, trop grande, 3 chambres, 120 m² habitables et 1000 m² carré de terrain… c'est beaucoup pour moi tout seul. Et puis trop de souvenirs, trop de projets communs, de rires de **Paul**… Non je ne pourrais pas y rester. D'ailleurs depuis que **Katia** et **Paul** sont morts je n'y suis presque plus. Je ne fais qu'y passer.

Le reste du temps je dors chez **Charlie**, **Guy**, **Pascal**, ou encore **Éric**, mes amis. Ils me comprennent !

Ce matin en ouvrant mon courrier j'ai reçu un second cadeau de **Katia** : son assurance vie ! En partant elle me lègue sept cent milles euros en ayant fait de moi son unique légataire en l'absence de **Paul**…

« Mon amour, si tu savais comme je m'en fous de tout cet argent, c'est toi et **Paul** qui me manquez. Je suis mal et j'ai un manque terrible. J'ai l'impression d'être seul au monde ! »

Mais avec cette manne providentielle il faut maintenant que je fasse le bilan. Dois-je continuer dans la **Marine** ou alors tout bousculer et partir loin ? J'essaie de réfléchir mais de toute façon je n'y arrive pas. Je décide alors de sauter sur mon vélo pour sillonner les routes du bord de mer. Cette mer de **Bretagne** qui m'accompagne alors que je pédale à m'en épuiser pour essayer de penser à autre chose.

Mais voilà, sur ces routes je retrouve des odeurs et ces dunes où l'on se cachait pour jouer avec **Katia** et **Paul**. Je longe ces plages et je passe devant ces crêperies où l'on s'arrêtait en fin d'après-midi. Tout me rappelle ma vie d'avant et tout ceci qui n'est plus et dont la perte m'a ôté toute envie, tout but dans la vie.

À moi de m'en trouver un, et vite, avant de sombrer…

Paris, deux ans plus tard, 24/10/2004 – 15H

Je sirote un café dans une brasserie parisienne réputée où j'attends un vieux compagnon avec qui j'ai partagé quelques missions au quatre coins du globe. Par la grande baie vitrée je le vois qui arrive, bronzé, la quarantaine sportive. C'est un type droit et entre nous il y a du respect et de l'amitié, celle qu'ont souvent les hommes de terrain.

« Bonjour **Serge**, comment vas tu ? Ça me fait plaisir de te revoir ! »

« Et moi donc ! » me répond-il en retenant dans les siennes la main que je lui ai tendue.

« Moi ça va ! J'ai appris pour toi et je veux que tu saches que tu ne dois pas hésiter si tu as besoin de quoi que ce soit… Je suis là ! »

Il s'assoit face à moi et pendant de longues minutes on réécrit nos histoires communes devant des cafés que nous a apportés un serveur dont le look est bien assorti à cette brasserie typiquement parisienne. Smoking et nœud *pap'* de rigueur.

Serge est un officier qui travaille à la *boîte*.

La *boîte* ? C'est comme ça qu'ils l'appellent entre eux, les membres de la *DGSE* et j'ai souvent eu le plaisir de travailler avec lui alors qu'il était membre du service action. Le fait d'avoir traversé ensemble quelques épreuves nous rapproche énormément. C'est sûr on ne s'appelle pas toutes les cinq minutes mais en cas de besoin je sais qu'il viendra et il sait que l'inverse est également vrai.

« Pour en revenir à ta proposition **Serge** c'est gentil et je sais que tu seras là ! Tu vois, moi, je suis en train de quitter la *marine nationale* après 20 ans de bons et loyaux services et ça tombe bien car j'en avais fait le tour. »

À cette annonce je vois que mon ami est surpris de ma décision.

« Je pensais que tu irais au bout, ça m'aurait fait plaisir de te retrouver dans un coin *chaud* de la planète ! Et tu as des projets **Jacques** ? »

« J'ai envie de faire autre chose. Il faut que je me fixe d'autres buts ! À ce propos as-tu toujours des contacts au **Moyen-Orient** pour des postes dans la sécurité ? »

« Ça tombe bien **Jacques**. J'ai appris qu'un membre d'une famille princière en **Arabie Saoudite** a besoin d'un type comme toi pour former sa garde rapprochée. Je peux me renseigner si tu veux et lui parler toi. Tu as un *CV* à me faire passer ? »

Bien évidemment je n'en ai pas sur moi mais je lui promets de lui en envoyer un par mail dès mon retour sur **Lorient**. Attentif à sa proposition je lui demande des détails sur ce travail, le pays et son ambiance actuelle mais aussi sur la personnalité de la personne qui recrute.

« Je me renseigne **Jacques** et je te fais passer ça par retour de mail ! Ça te convient ? »

« Merci **Serge !** Au fait as-tu des contacts sérieux à la *DST* ou à l'anti-terrorisme et sais-tu où ils en sont sur l'enquête de l'attentat du **Louvre** ? »

« J'ai bien un ou deux contacts susceptibles de me renseigner…. »

« Et chez vous **Serge** rien sur cet attentat ? »

« **Jacques** tu sais bien que… »

Mon regard appuyé et mon silence lui font comprendre qu'il peut me faire confiance. Il m'apprend alors que des recoupements ont été faits par la *boîte* au sujet d'un groupe qui recrute des français d'origine maghrébine afin de les enrôler.

Ce groupe aurait un camp d'entraînement dans le **golfe arabo-persique**. Deux français auraient même été arrêtés à l'aéroport de **Nice** alors qu'ils revenaient de ce camp avec dans leurs bagages des documents en arabe décrivant la confection de bombes artisanales. Il finit sa description en m'annonçant que des photos satellites ont pu être prises de ce foutu camp.

« S'il te plaît, **Serge**, préviens moi dès que l'enquête avance. J'ai besoin de savoir ! »

J'ai dû prononcer cette dernière phrase avec la gorge nouée car **Serge** me regarde au fond des yeux et me demande :

« Rassures moi **Jacques**, tu ne veux pas faire de conneries ? »

« Mais non **Serge**, pas d'inquiétude. Allez tiens, si tu n'es pas pris ce midi je t'invite à déjeuner et c'est moi qui régale ! Mais comme tu connais mieux **Paris** que moi tu nous trouves un restaurant ! »

Lorient, 26/10/2004 – 12H30

J'ai retrouvé le *F3* que j'ai acheté à **Larmor plage**, pas loin de **Lorient**. Un petit appartement avec vue sur la mer où je suis bien. Le mobilier *Ikea* sans personnalité me convient très bien, il n'y a pas de rideaux aux fenêtres, pas plus que des cadres aux murs. Il est assez impersonnel et froid mais je n'y ai pas de souvenir et cela m'aide à ne pas me rattacher à des choses qui font mal.

Je n'ai toujours pas vendu notre maison, je ne l'ai même pas louée. J'hésite et en plus je ne suis pas pressé !

Depuis ce matin c'est officiel je ne serai plus marin dans trois mois ! Dans l'intervalle je serai en stage de reconversion.

J'ai débarqué du commando et ça a été un moment très dur car avec ce départ une page importante de ma vie est irrémédiablement tournée. Pour la soirée que j'avais organisée pour mon départ il y avait énormément de monde. C'était touchant. Les discours ont succédé aux discours et c'est bizarre car j'y étais toujours sensationnel voire merveilleux et même si ça fait du bien à entendre il ne faut surtout pas se laisser griser.

L'essentiel est que je sais que je ne faisais certes pas l'unanimité avec ma grande gueule sans oublier mon franc parlé et mon caractère de cochon mais bon, parfois, ça fait du bien à l'ego. Et puis je sais reconnaître un discours lorsqu'il sonne faux et j'ai fait mon propre tri !

Mon plus beau cadeau a été que mes amis, ceux de la première heure, mes vieux compagnons d'armes, étaient présents. Ils étaient tous là et parmi eux **Pascal**, **Éric**, **Pierre** et **Olivier**. J'ai bien senti que pour eux aussi c'était également la fin d'une histoire, la fin d'un voyage en commun.

D'ailleurs **Pascal** devrait bientôt faire de même.

Tous les quatre ont refusé de faire un discours ce jour là. Ils n'avaient pas envie et pour eux ce n'était pas l'endroit, ni le moment. De toute façon, entre nous on n'avait pas besoin de se dire que l'on s'aimait, on le savait !

Vers 23h00, lorsque tout le monde est parti nous nous sommes retrouvés tous les cinq dans cette salle qui d'ordinaire sert de lieu de briefing. Nous nous sommes assis à même le sol à boire des bières jusqu'au petit matin et à refaire nos guerres, nos aventures mais aussi et surtout nos mésaventures. On est passé par toutes les émotions possibles ! Du rire au fou rire sans oublier l'émotion et la tristesse avec comme témoins les cartes d'état-major accrochées au murs, les *PC* allumés, les radios éteintes et le grand tableau sur lequel était notés les noms des personnes et des groupes d'alerte à douze heures.

Ce fût un moment rare et fort, de ceux qui marquent une vie et pourtant il n'y avait rien d'exceptionnel. Juste cinq types en train de boire des bières assis par terre dans une salle de briefing transformée en salle de réception…

Les heures ont passé et personne ne voulait ni même ne songeait à partir. Peut être la peur inconsciente de casser quelque chose et que le fait de quitter cette pièce reviendrait à écrire le mot fin sur notre histoire.

Alors on reprenait une bière et on portait un toast, toujours le même, tiré d'un film de guerre américain et qu'on s'était approprié :

« À nous et ceux de notre race et il en reste pas des masses ! » et c'était tellement vrai…

Alors que je suis perdu dans le souvenir de cette soirée je suis tiré de ma torpeur par mon portable qui sonne.

C'est **Charlie** !

« **Jacques**, viens vite je viens de me couper un doigt avec la tronçonneuse, et il faut que tu me mènes aux urgences ! »

Je saute sans attendre dans ma voiture et les 5 kms qui me séparent de la maison de **Charlie** sont vite avalés. Je le retrouve chez lui avec la main gauche bandée. Il est tranquillement assis sur son canapé avec une cigarette à la bouche. Son index tient encore à la main par je ne sais quel miracle.

« **Jacques** tu vois ça m'apprendra à mettre mes doigts n'importe où ! Là, je viens de me faire mordre par le ver solitaire de **Caroline** ! »

Et oui même dans ces instants **Charlie** ne peut s'empêcher de faire de l'humour ! Enfin son humour, plus proche du café du commerce que du cercle des lecteurs de **Sartre**… mais c'est pour cela aussi que je l'aime.

Je l'embarque sans plus discuter et nous prenons la direction de l'hôpital **Bodelio** qui est le plus proche de son domicile. Sacré **Charlie** qui préfère me prévenir, moi, que d'appeler les pompiers ! Il est là, assis à côté de moi, et il râle sur ma conduite qu'il considère comme digne d'un pilote de rallye sur des routes défoncées de l'**Île de beauté**…

Arrivés sur place il est de suite pris en charge par les urgentistes.

Fidèle à lui-même, l'ami bourru que je connais, il ne cesse de ronchonner même lorsque le médecin veut l'allonger sur le brancard pour le transporter au bloc.

Monsieur veut marcher !

Charlie ? Cela fait dix ans que je le connais. C'est le rugby qui nous a rapproché, ce sport où l'amitié tient une place si importante. Il jouait dans l'équipe que nous rencontrions ce jour là. Il y a bien eu quelques bagarres générales, à l'ancienne comme on dit aujourd'hui, et mon **Charlie** dans ce domaine ne donnait pas sa part aux cochons. Mais voilà, la magie de ce sport est qu'à la fin du match il y a la troisième mi-temps pendant laquelle il n'est plus question de bagarre mais juste de combattants fatigués et heureux qui, devant une bière (faudrait plutôt dire un seau de bière), ont fini par lier connaissance.

De fil en aiguille une amitié est née, une belle amitié qui dure et se renforce tous les jours ! **Charlie** a un caractère bien trempé. C'est un bourru mais avec un cœur immense et un sens de l'amitié qu'on partage et cultive. Je repense à tout cela en attendant qu'on me recouse mon *Béru* !

Au bout de deux heures, on m'autorise à le voir. Il a été transporté dans une chambre et à peine suis-je rentré qu'il me demande de lui gérer la télévision, de brancher le téléphone et surtout de voir quand il peut sortir ! Alors j'exécute puis j'appelle **Caroline**, notre maman à tous tant elle est présente pour nous écouter et nous remettre dans le droit chemin quand on exagère un peu. Je lui indique le numéro de téléphone pour appeler et le numéro de la chambre de **Charlie**.

Elle passera ce soir après avoir fermé le magasin.

Paris, 03/11/2004 – 06H00

Dans moins d'une heure, je décolle direction **Riyad** via **Francfort** puis **Beyrouth**.

Et oui **Serge** m'a bien rappelé fin octobre, peu de temps après notre rencontre, pour que je le rejoigne sur **Paris**. Il était accompagné d'un cousin du prince **Abdallah** qui recherchait effectivement une personne afin de former et d'entraîner la garde rapprochée de la famille princière.

Le contact avait été excellent et du coup je commence le 15 novembre pour un contrat d'un an ! Depuis ce rendez-vous,je surfe sur Internet à la recherche d'informations sur l'**Arabie Saoudite**. Je n'y suis passé que durant la guerre du **Golfe**, à **Djedah** pour être précis, mais je ne connais rien sur le pays ni sur ses coutumes.

Lorsque j'ai annoncé mon intention de travailler pour un prince d'un pays arabe les réactions ont été mitigées dans mon entourage mais il me fallait partir. C'était vital pour ma reconstruction.

Avant de partir j'avais rencontré **Guy**, le fils de **Charlie** et **Caroline**.

Ce dernier outre sa filière cosmétique dirige un véritable réseau de commerciaux et conseillers en tous genres. Cela va du placement financier au rachat de crédits en passant par la vidéo-surveillance, les vérandas ou les nouvelles énergies. C'est un autodidacte et je l'admire car de rien il a monté une société cotée en bourse avec comme seul bagage son envie et sa détermination qu'il transmet aux autres. Lui aussi à un physique plus proche du déménageur que d'un vendeur de parfum classique mais c'est sa force à lui d'être surprenant et là où on ne l'attend pas !

Je lui ai donc tout naturellement confié l'argent touché de l'assurance-vie de **Katia** afin qu'il me le place et le fasse fructifier. Je lui ai même confié la gestion locative de ma maison sans parler qu'il me servira également de relais pour tous mes problèmes administratifs.

On dit souvent *tel père, tel fils* et ce dernier a évidemment refusé que je le paie pour toutes ces corvées ! Et oui, à 25 ans il a déjà une bonne partie du mauvais caractère de son père et son menton s'allonge vite de colère lorsqu'il est contrarié… Du coup je n'ai pas insisté et je m'arrangerais bien pour le remercier et le dédommager d'une autre manière.

Me voilà donc dans cette salle d'embarquement, prêt pour ma nouvelle vie, un véritable tournant !

J'ouvre mon portefeuille et je regarde une photo de **Katia** avec **Paul**. Moment de nostalgie, de douleur toujours aussi présente mais il faut avancer et ne rien lâcher.

L'appel de l'hôtesse nous invitant à embarquer me sort de ma mélancolie.

C'est parti !

Riyadh, 20/11/2004 – 20H45

Je suis dans ma chambre au *Radisson SAS Hôtel.*

C'est un hôtel de luxe situé en plein centre de **Riyadh**. J'aperçois au loin la tour du royaume qui domine la ville symbole de toute l'**Arabie Saoudite**. Cet hôtel est mon pied-à-terre et je m'y sens bien, autant dans les restaurant japonais ou italiens où la cuisine est excellente que dans le jacuzzi ou encore au bar ou j'aime le soir venu m'installer sur les épais fauteuils jaunes afin d'y lire la presse internationale.

De plus ma chambre y est spacieuse et lumineuse.

Depuis mon arrivée je suis impressionné par la propreté et la quiétude qui règnent dans ce pays. On a dit beaucoup de choses sur les manquements aux droits de l'homme mais je vais essayer de m'en faire ma propre idée. En attendant, on est aux petits soins pour moi. J'ai été reçu par le ministre de la défense qui m'a précisé que je m'occuperais surtout de civils engagés pour protéger des membres de la famille royale mais pas directement du prince ni même des membres du gouvernement.

Hier, pour la première fois, j'ai réuni l'équipe au complet. On est une trentaine, en majorité des saoudiens, mais également deux anglais et un belge.

L'un des anglais, Henri **Lewis,** la quarantaine, petit et trapu**,** est le chef de ce groupe chargé de la répartition des missions, du planning et de l'entraînement jusqu'à mon arrivée. Il a été ma première priorité car il fallait instaurer un dialogue entre lui et moi et surtout lui expliquer que j'étais là pour un an juste pour l'aider à mettre en place des modules d'entraînement et avoir un regard extérieur sur le niveau de ses équipes.

Mon anglais scolaire est assez limité mais ça va je me débrouille et dans un an je devrais être un parfait bilingue !

Le contact avec **Henri** était bon. Ancien membre des *Royal Navy* il n'est pas, au départ, un spécialiste de l'escorte et de la protection rapprochée. Du coup on a bien défini le rôle de chacun et c'est l'essentiel. Il n'y a rien de pire que de sentir de la suspicion ou de la jalousie contre soi.

En accord avec **Henri** j'ai fait passer une série de test au groupe.

La journée a été chargée avec des tirs de précision puis des tirs en situation avec des armes de poing puis des armes d'épaules. Sans même les laisser souffler nous sommes partis sur des parcours d'obstacles suivis de conduite auto dans une série de scénarii au cours lesquels ils devaient réagir à des situations données.

Cerise sur le gâteau avec le groupe en limite d'épuisement que j'ai fini de tester sur le plan physique avec une évaluation d'agressivité et un passage en piscine pour le comportement en milieu aquatique…

Pour un gars comme moi ce pays est un endroit rêvé ! On a tout à disposition : stands et champs de tir, armes et munitions de toutes sortes et de tous calibres à profusion, véhicules derniers modèles, salles de sport high-tech et salles de briefing à l'identique. J'étais vraiment impressionné, bien plus impressionné que par les résultats des tests avec un niveau vraiment inégal. Mais je n'ai pas été surpris !

D'autorité je décide de tout reprendre du début. Conscient de la triste réalité **Henri** adhère sans rechigner !

Les semaines suivantes ont été occupées avec un planning qu'**Henri** avait établi par rapport aux domaines prioritaires que j'avais demandé de travailler. Tout y est passé, de l'entraînement physique en général à la préparation de missions, d'itinéraires et autres *portes de sorties* indispensables pour échapper à un attentat ou un blocage. Nous avons pu dès lors travailler à fond sur les différentes formations d'accompagnement et de protection de personnes lors de déplacements à pieds, seul ou en équipe.

En récompense des efforts que le groupe a consenti **Henri** et moi avions programmé des séances de conduite en convoi et du tir à profusion placées juste avant des sessions moins ludiques de combat en localité et motorisé.

Une belle année de travail en perspective pour un groupe dont je finaliserai la formation par la maîtrise des liaisons radio, les mots codes, et couleurs pour les niveaux de risques. Grâce à ce tempo intense que je vis aussi les semaines passent à une vitesse phénoménale. Elles sont rythmées par le calendrier musulman qui nous donne un week-end du jeudi midi au samedi matin.

Je prends vraiment plaisir à transmettre mes connaissances et par chance le groupe est réceptif et cela me touche mais m'oblige aussi à donner le meilleur de moi-même, ce qui ne m'effraie pas !

Je profite de mes week-end pour m'imprégner de la culture locale car je suis également là pour un but : connaître et comprendre l'Islam !

Riyadh, 23/12/2004 – 20H30

En ce jeudi soir je suis au bar de mon hôtel à siroter une bière bien fraîche. Il n'y a que dans les hôtels de luxe qu'on peut trouver toutes sortes d'alcool alors que dehors je ne me risquerais même pas à me promener avec la bouteille de bière vide.

Je suis donc là à me détendre en attendant **Henry** et **Alex** (le belge) qui doivent me rejoindre pour dîner lorsque le barman, **Youssuf**, que je commence à connaître depuis plus d'un mois, m'interpelle :

« Alors monsieur **Mandrier**, vous êtes-vous fait une opinion différente du monde arabe en général et de l'Islam en particulier ? »

Après une pause il reprend :

« Voyez-vous, je sais ce qui est arrivé votre femme et votre fils mais ce n'est pas ça l'Islam. C'est juste une branche de fanatiques et nous condamnons et rejetons cette forme de violence. »

Je sens qu'il est sincère dans ses propos et qu'il a besoin de se sentir reconnu, apprécié et aimé tout comme tout un chacun.

Il me parle alors de sa conception de sa religion et de la tolérance qu'il y a dans les textes du Coran. Il me propose, si cela m'intéresse, de venir à la mosquée avec lui ce vendredi. Il sera mon traducteur.

Pourquoi pas !

J'ai beau avoir été très attentif à cette courte discussion avec **Youssuf** je n'en capte pas moins **Alex** et **Henri** qui viennent juste de franchir la porte du bar. C'est marrant les réflexes que l'on acquiert à force de travailler en zone d'insécurité. Depuis belle lurette je ne tourne jamais le dos à une entrée lorsque je me trouve dans un lieu public et là encore, inconsciemment, j'étais face à l'entrée…

Alex nous conduit au restaurant traditionnel *Al Taboon* situé **rue du roi Fahd** où il a mangé à plusieurs reprises sans jamais avoir été déçu.

Ce restaurant sert le meilleur *Kabsa* qui est un plat saoudien typique présenté sous plusieurs formes. La carte du *Al Taboon* contient une liste sans fin de ce met à base de poulet au jus de citron aromatisé au cari et diverses épices.

En bouche ? C'est vraiment un mélange de saveurs orientales qui, ma foi, me convient parfaitement.

Le cadre n'est pas des plus luxueux. Les fauteuils sont ici remplacés par de simples chaises en bois mais les mets sont succulents et ce dîner est pour moi l'occasion de mieux connaître **Alex**. Ce belge qui a servi dix ans dans les *para commandos* est un solide gaillard d'un mètre quatre vingt. À 37 ans c'est son troisième séjour ici et il s'y plait bien. Divorcé, sans enfant, il rentre tous les quatre mois environs pour passer deux semaines en **Belgique**.

Comme à chaque fois que des ex-militaires se retrouvent on parle d'abord de nos missions et des théâtres d'opérations sur lesquels nous sommes intervenus ce qui permet souvent de mieux connaître le soldat que l'on a face à nous mais aussi et surtout l'homme. Au cours de ce dîner je découvre un **Alex** jovial qui aime la vie, l'argent. C'es un véritable épicurien. mais **Alex** est également quelqu'un de fier qui me semble franc et fidèle en amitié !

Qualités essentielles à mes yeux…

Après le dîner **Henri** nous laisse entre célibataires et **Alex** en profite pour m'emmener dans un hôtel de luxe du centre ville où, au dernier étage, se trouve un bar somptueux ! Et au bar… des filles et pas n'importe quelles filles ! Elles sont toutes plus belles les unes que les autres et elles ne sont pas là pour rien… mais je ne me sens pas prêt et encore moins prêt à payer pour faire l'amour ! Je me commande quand même un *whisky-coca* alors qu'**Alex** est déjà à discuter avec une superbe brune qui semble tout droit sortie d'un magazine. C'est clair qu'il ne finira pas la nuit tout seul mais la nuit d'amour à 200 dollars… très peu pour moi.

Je reste assis au bar à écouter la musique et à siroter mon verre. Je sens bien qu'autour de moi certaines aimeraient que je m'intéresse à elles mais je n'en ai pas envie et les deux téméraires qui viennent me souhaiter le bonsoir dans un mauvais anglais derrière lequel on entend bien l'accent de quelques pays de l'est s'en rendent compte rapidement. De temps à autre, **Alex** revient me voir et me dit que la femme avec qui il est « *c'est de la bombe* ! ». Il est certain qu'il ne va pas s'ennuyer cette nuit et cela me fait sourire.

Ça me rappelle mes missions avec mes collègues partant dans les nuits africaines avec une princesse ramassée dans un bar et qui au matin devra s'occuper de ses enfants et de toute sa famille.

Vers minuit je décide de le laisser avec sa princesse d'un soir et c'est un superbe taxi *Maybach* qui me ramène à mon l'hôtel. Ça me change de nos taxis français ! Ce soir je sens bien que le sommeil aura du mal à venir. Je vais encore réfléchir, penser et me lamenter sur moi-même mais heureusement il y a le câble et un mini-bar plein qui m'aideront peut-être à supporter un peu mieux le fait que demain soir c'est le réveillon de Noël…

Mon premier Noël sans mon **Paul**, ne serait-ce qu'au téléphone ! Pourvu que les fêtes passent vite…

Riyadh, 24/12/2004 – 19H00

Je suis dans ma chambre.

Ici Noël on ne le fête pas trop alors j'ai commandé un plateau télé et je vais me passer des *DVD* juste pour ne pas penser et essayer de me convaincre que c'est une soirée comme les autres et puis basta !

Je repense à tous mes amis là-bas, en **France**, en train de se préparer à festoyer et aux regards pleins de tendresse qu'ils auront pour leurs enfants demain matin au réveil. Je suis perdu dans mes pensées quand j'entends qu'on frappe à la porte.

« Room service missié **Mandrier !** »

J'ai beau ne pas avoir la grande forme le garçon d'étage a annoncé ça avec un accent si prononcé que je me retrouve à ouvrir la porte le sourire aux lèvres. Et là je reste figé !

En fait de garçon d'étage je me retrouve face à **Charlie**, **Caroline** et **Guy** accompagné de son amie **Pauline**. Mais ce n'est pas tout car il y a aussi **Pascal** et sa femme sans parler d'**Éric**, son épouse et leurs enfants !

« Joyeux Noël **Jacques !** »

Mais je n'ai pas encore vu tout le monde. En effet j'aperçois à ce moment là **Michèle**, la sœur de **Katia** accompagnée de son mari **Luc** et de leur fils **Kévin** dont je suis le parrain. Il se jette dans mes bras !

« Joyeux Noël parrain ! »

C'en est trop pour moi et je ne peux retenir cette larme qui veut tomber. Depuis des mois j'avais oublié ce qu'être heureux voulait dire et là c'était une larme de bonheur.

Merci mes amis !

Ils ne me laissent pas reprendre mon souffle et me demandent de m'habiller. Il faut dire que le short et le tee shirt que j'avais passés ne sont pas très classes pour un réveillon ! Mais voilà les surprises ne sont finies pour moi et quatre taxis attendent devant l'hôtel. Je me laisse guider et me retrouve devant l'hôtel *Marriot* où ils sont tous arrivés la veille au soir.

Naturellement je prends le chemin du restaurant mais on me dirige vers une des salles de conférence. En y pénétrant je découvre une salle décorée pour un réveillon à la française avec au milieu un grand sapin au pied duquel il y a une montagne de cadeaux.

J'en reste bouche bée !

Charlie m'explique alors qu'ils ont combiné cela il y a trois semaines et qu'ils ont tout négocié par l'intermédiaire de **Pauline**, l'amie de **Guy** qui est *DRH* dans une grande société d'import-export. Le réveillon est magique. **Guy** m'annonce que la maison a un marin comme locataire alors que **Charlie** me montre son doigt recousu, encore plus beau qu'avant… enfin d'après lui !

Éric et **Pascal** sont toujours militaires même si ce dernier est sur le départ avec mille projets qui l'attendent à l'étranger. Les deux lascars me donnent des nouvelles de mon ancien groupe et m'annoncent que tout à l'heure en ouvrant mes cadeaux j'en trouverais un venant de leur part. Le repas est excellent et je me demande comment ils ont réussis à me faire préparer une dinde aux marrons, pile comme je l'aime, ainsi qu'une bûche glacée avec petits lutins et la scie sur le dessus, comme chez nous !

Durant la soirée je m'approche de **Michèle** et je la serre dans mes bras. Cela fait du bien de la voir ici, elle, si proche de sa sœur. Je sais qu'elle aussi a du mal à remonter la pente, mais c'est une battante. Alors que je retourne à ma place **Charlie** s'approche de moi et me demande :

« Dis moi **Jacques**, pourquoi être venu ici ? Quelle est la vraie raison ? »

Je le regarde et je lui souris, rassurant :

« T'inquiètes pas **Charlie** j'ai juste besoin d'une nouvelle aventure et d'un nouveau challenge. D'un nouveau but dans la vie ! »

« Chiasse ! » me dit il en souriant.

« Tu aurais pu trouver une aventure plus prêt de nous ! »

La soirée est belle et je suis heureux. Je prends ma dose d'amitié et d'amour.

Ça fait du bien et je n'hésite pas à prendre du rab !

Au petit matin, fourbu mais heureux, je monte dans un taxi direction ma chambre d'hôtel.

Camp d'entraînement Saoudien, 28/12/2004 – 11H00

Mes amis sont repartis depuis hier matin.

J'ai passé trois jours exceptionnels et ça m'a fait du bien. J'ai été comblé de cadeaux mais le plus beau a bien sûr été leur présence et surtout ces rires et ces moments simples où l'on se dit avoir de la chance d'avoir de tels amis !

Aujourd'hui on reprend l'entraînement avec un travail de fond sur les réactions à adopter face à une attaque directe par armes à feu. C'est du drill pur et dur. Il me faut leur faire comprendre et acquérir que dans un dispositif de protection il y a la personne chargée de la protection immédiate dont le rôle est soustraire le *VIP* au danger alors que le reste de l'équipe a en charge la protection et la riposte. Le tout doit fonctionner comme une mécanique bien huilé oùchacun son rôle et sa place en parfaite connaissance du travail à faire mais aussi de celui des autres membres du groupe.

Alors on mécanise, on recommence et on débriefe grâce aux enregistrements vidéo. Rien de mieux pour voir les failles d'un dispositif !

L'aspect planification des déplacements à l'extérieur du pays tient également une place importante dans l'instruction tout comme le *CAC* (combat corps à corps). Par chance **Alex** est ceinture noire, professeur de *Karaté* et moniteur *CAC* dans l'armée belge. Ça aide et c'est lui qui dirige ces séances.

Le programme de cette semaine est simple. Du samedi au mardi on s'entraînera avec en ligne de mire un exercice de synthèse de mercredi à jeudi midi ! Je sais que ça plaira aux gars. Grâce aux moyens mis à ma disposition je propose au groupe des exercices variés qui vont de l'escorte au milieu d'une foule à la tentative d'enlèvement lors d'un trajet reconnu voire même dans le palais. Je me régale et je suis content car le groupe progresse jour après jour. Ils sont volontaires, réactifs. Ils s'améliorent au tir, dans les réaction immédiates et dans tous les entraînements qu'ils subissent.

L'organisation que nous avons mise en place avec **Henri** est simple.

Le groupe est séparé en trois équipes. Une qui assure le service de protection journalier, une autre en instruction et la troisième qui suit l'instruction théorique mais me sert aussi de plastron pour les exercices de mise en situation de fin de semaine. Cette dernière équipe joue le jeu et essaie à chaque fois de trouver une faille dans le dispositif de sécurité mis en place. C'est devenu un challenge pour tous les gars qui forment le plastron de trouver la faille dans le dispositif mis en place par le groupe en charge de la sécurité.

Mosquée de Riyadh, 15/03/2005 – 17H

J'ai mis du temps à me décider suite à la proposition de **Youssuf** mais ça y est j'y suis !

Je suis dans l'antre de l'Islam…

Je suis venu pour apprendre et pour en savoir plus sur les messages qu'ils font passer dans les mosquées. À chaque lecture d'un passage du Coran **Youssuf** me les traduit et m'explique ce que le recteur de la mosquée dit. Il m'explique aussi le sens de son message qui est encore plus important.

Il est vrai qu'il ne parle que d'amour, de partage, d'humilité et j'en suis troublé car les gens ici semblent être habités par cette foi. C'est déconcertant, magique et on ne peut que respecter !

Je suis venu ici aussi pour y voir clair dans cette religion et ma décision n'est pas innocente. Apprendre à connaître l'Islam pour comprendre ou essayer de comprendre pourquoi des hommes sont prêts à tuer au nom d'**Allah**.

Dans le Coran il est dit que le culte comprend tout ce qu'un individu dit ou fait pour plaire à **Dieu**. Cela englobe bien entendu les rites et les croyances mais aussi les activités sociales ainsi que les contributions personnelles au bien être de ses semblables.

Donc, une personne désirant vivre suivant ce culte devra aider les autres et agir en permanence dans le seul but de plaire à **Dieu**. Il devra bien sûr respecter les cinq piliers de l'**Islam** qui sont :

La **Charada**, *le témoignage*. Qui consiste à faire passer le message qu'il n'y a qu'un seul **Dieu** et que **Mohamed** est son messager.

La **Salat**, *la prière*. Tout musulman doit faire cinq prières dans la journée ou la nuit.

La **Zakat**, *l'aumône*. Qui ordonne de subvenir aux besoins des plus pauvres et à rallier les cœurs fidèles mais aussi d'instaurer des œuvres d'utilité publiques (hôpitaux, écoles) et de limiter l'accumulation de richesses.

Le **Siam**, *jeûne*. Où pendant la durée du ramadan (en moyenne un mois) les musulmans ne doivent ni boire, ni manger, ni même avoir de rapport sexuels de l'aube jusqu'au crépuscule.

Le **Hadj**, *le pèlerinage*. Qui incite à aller au moins une fois dans sa vie à la *maison*, la **Mecque**. Ce pèlerinage est très codé et très rigoureux dans son mode d'exécution.

Dès que je peux je discute religion avec **Youssuf** où un membre musulman de l'équipe et je découvre jour après jours comme il est difficile de suivre ses préceptes. Moi qui ai déjà du mal avec la mienne je suis admiratif du vrai musulman qui suit les règles et les privations que demande cette religion. J'apprends par exemple que dans le Coran, quand on parle de **Jésus** on dit *la paix sur lui*, que **Marie** est considérée comme la plus pure des femmes et je me rends compte que c'est une religion qui n'est pas en guerre contre les autres. Au contraire elle les accepte et mieux elle respecte ce qui est commun avec le Coran.

Par contre je me rends compte aussi que, mal utilisé, mal compris, le Coran peut devenir très dangereux. L'Islam autorise le musulman, par exemple, à défendre sa religion et à riposter s'il est attaqué. Mais il pose tout autant des règles très strictes qui interdisent de s'attaquer aux civils, aux récoltes, aux arbres et bétails. Ramenez tout ça à notre civilisation et il me semble que les fous de **Dieu** n'ont pas respecté cette dernière phrase…

Entre mon travail et mon implication à découvrir l'Islam mon année dans ce pays passe très vite et je prends un réel plaisir à coacher et entraîner ce groupe. Cerise sur le gâteau, entre **Henri**, **Alex** et moi il y a même une belle amitié qui est en train de prendre forme. **Henri** a dès le premier jour compris que je n'étais pas venu là pour lui prendre la place mais bien pour l'aider à former ses hommes à être plus performants, plus *pros* mais aussi plus soudés. Aujourd'hui, sans prétention, je pense qu'on y est arrivé. Je passe mon temps à préparer les exercices, les cours théoriques, les tirs en stand ou en situation (en plein désert généralement) et les débriefings sont souvent motifs à franches rigolades même s'ils sont toujours constructifs et c'est bien là l'essentiel !

Le reste de mon temps je le passe à visiter ce pays, à m'instruire et à connaître la langue.

Tout ce que j'ai vu dans ce pays ne m'a pas plu, c'est sûr, et certaines choses sont même choquantes surtout pour l'occidental que je suis mais s'il y a une chose que je ne peux enlever à tous ces gens, du plus riche au plus pauvre, c'est leur gentillesse, leur courtoisie naturelle et si orientale à mon égard. Puis, surtout, j'aime ce sentiment de sécurité que l'on a lorsqu'on se promène dans les rues de jour comme de nuit.

N'étant pas musulman je n'ai pas pu aller voir de près à quoi ressemblait cette ville magique dans l'Islam : la **Mecque**, mais mon année ici m'a appris énormément sur l'Islam, sa pratique et sa manière de concevoir le monde. Finalement j'en avais besoin car en y allant j'étais prêt à jeter des sacs de grenades sur la **Mecque** tant j'avais la haine contre eux…

Mais j'ai changé d'avis !

Le musulman qui étudie bien le Coran et qui vit le culte musulman comme il y est prévu dans le livre saint n'est pas un fou de **Dieu**. Il respecte les autres religions et les autres modes de pensées et je sais qu'en rentrant jc me battrais à ma manière contre ces intégristes, ces fous qui sous couvert d'une interprétation tronquée ont tué ma femme et mon fils.

Salle de conférence du Radisson, 20/10/2005 – 20H

« **Jacques** ! En un an, une seule mais longue année tu m'as appris énormément de choses et tu nous as apporté ton professionnalisme grâce à ton expérience d'homme de terrain. Merci de nous avoir communiqué ton savoir mais, plus que tout ça, je voudrais te remercier pour la plus belle des choses que tu nous as apportée : ton amour des gens ! »

Moi qui n'aime pas les louanges je suis servi mais je n'ai pas le temps, dans mon coin, de marquer ma gêne que le discours qui m'est dédié continue :

« Et que dire de ton envie de partager tes émotions, tes rires et tes joies ! Tu as fait naître un groupe et pour **Alex** et moi cela ne va être que du bonheur que de continuer dans le sillon que tu nous as tracé ! »

Venant d'**Henri** ces mots me touchent car ce n'est pas un bavard. Lui qui intériorise plus souvent ses sentiments et qui ne les fait que très rarement partager m'a asséné des paroles simples mais font leur petit effet… Du coup moi, qui depuis une semaine me demande ce que je dois dire, je reste sans voix, comme un con !

Pourtant autour de moi se trouvent tout mon groupe et un bon nombre du personnels de l'hôtel, **Youssuf** en tête ! Je l'ai invité car lui et ses collègues ont été aux petits soins pour moi pendant mon court séjour mais ils ne sont pas les seuls car des autorités militaires avec qui j'ai sympathisé sont là dont surtout une grande partie de la famille princière.

Je suis couvert de cadeaux et je suis même fait *capitaine d'honneur* de l'armée saoudienne… Quel honneur pour moi qui ne suit qu'un simple sous-officier dans la m*arine nationale* !

Le discours est fini !

Allez **Jacques**, il faut y aller… Alors je m'avance et je décide de me lancer :

« Altesses, général, messieurs ! Merci pour toutes ces marques de sympathie. J'ai vécu une expérience très forte ici et après le drame qui m'a frappé et que vous connaissez il me fallait partir pou changer d'air et puis je voulais aussi connaître votre religion. Je voulais savoir et comprendre, vous comprendre et je dois dire que cette année écoulée fut riche en enseignements. »

J'ai beau ne pas être un homme de discours mais naturellement je marque une pose et après un rapide tour d'horizon qui me permet de constater que l'auditoire est attentif je reprends :

« Je commencerais par l'Islam et vous m'avez permis de comprendre que ce n'était pas la religion de la mort et du *va-t-en guerre* mais bien au contraire une religion d'amour, de partage et de respect de l'autre ! Dans le Coran on ne parle pas de guerre, on ne cautionne pas de tuer des innocents, des femmes ou des enfants. **Dieu** autorise que l'on lutte pour sauver sa maison ou défendre sa religion mais surtout interdit de toucher les innocents et les civils. Alors ceux qui ont perpétré cet attentat à **Paris** n'ont pas respecté ces préceptes et pour moi ce sont des assassins car ils ont tué ma femme et mon fils et vous me connaissez assez maintenant pour savoir que pour ça, ils doivent payer ! »

La brutalité de mes propres paroles me pousse une nouvelle fois à m'arrêter mais je constate que personne dans la foule présente n'est choqué.

« Mais ne parlons pas de ça, profitons plutôt de ce moment que je partage avec vous tous, vous tous à qui je dois simplement dire merci ! Oui je tiens à vous remercier pour votre accueil, votre gentillesse et vous messieurs, vous formidable groupe avec qui j'ai partagé cette année : merci. !Oui, merci **Henri**, merci **Alex** pour votre aide, votre confiance et votre amitié. Travailler main dans la main avec vous durant cette année fut un véritable plaisir. Quand à vous mes *trainees* j'ai lu dans vos yeux une telle fougue et une telle envie d'accomplir votre devoir que je ne me fais pas de soucis. Il n'y a pas de système inviolable, il n'y a pas de système sans faille mais une chose est sûre votre professionnalisme, votre sens de l'écoute et surtout votre sens du dévouement vis-à-vis de la personne protégée mérite le plus grand des respects ! »

Alors que commencent à poindre quelques applaudissement qui me gênent plus qu'autre chose je maintiens le silence par un geste de la main ce qui me permet de finir.

« Cette année restera pour moi une expérience humaine très forte. J'espère revenir très bientôt. Alors une dernière fois merci pour cette opportunité que vous m'avez faite mais là je dois retourner dans mon pays et sachez que vous resterez là, dans mon cœur ! »

La fin de mon discours fût marquée par une salve d'applaudissements. Cette sympathie offerte par l'ensemble des personnes présentes et qui m'a beaucoup touché. Nous avons terminé la soirée avec le groupe autour du bar de l'hôtel en dégustant du champagne. Les musulmans furent touchés que j'aie pensé à commander du champagne sans alcool mais l'ivresse de ce moment nous a permis de passer une bonne partie de la nuit à rire, à parler et à refaire ensemble cette année écoulée ! Juste pour qu'elle ne finisse pas trop vite…

Paris, 05/11/2005 – 12H30

J'ai plaisir à retrouver **Serge** et à partager avec lui un repas typiquement français !

Il rentre tout juste d'un déplacement de deux mois dans le Nord-Ouest de l'**Afrique**. Il est bronzé et avec sa tête de play-boy il doit en tomber des filles le bougre…

« Tu sais **Jacques** je suis très heureux que ton aventure saoudienne se soit bien passée ! En plus tu as du remplir ton bas de laine ? »

J'aurais eu du mal à dire le contraire ! À 15000,00 euros net d'impôts par mois, bien nourri, super bien logé… Il aurait fallu être difficile !

« Ok **Serge**, oui j'avoue et comme je ne voudrais pas mettre un officier de l'armée française sur la paille c'est moi qui t'invite aujourd'hui ! Au fait **Serge**, où en est l'enquête du **Louvre**, tu as du nouveau ? »

« À la *DST* nous avons plusieurs pistes sans parler que nous avons démantelé plusieurs réseaux qui recrutaient dans les banlieues difficiles en profitant du désarroi des jeunes pour les enrôler dans une guerre qui au départ ne les intéressaient même pas ! »

J'acquiesce du regard avant qu'il ne reprenne.

« Ces jeunes étaient donc endoctrinés puis envoyés pour suivre des stages au **Pakistan**, en **Afghanistan**, et nous avons fini par cibler le groupe qui a commandité l'attentat mais pas encore les noms des personnes ayant posé la bombe ! »

« Fais chier. Il faut à tout prix qu'on les retrouve ces assassins. On ne peut pas les laisser en liberté ! »

« Ne t'inquiète pas **Jacques** on les retrouvera bien, tôt ou tard, et tu en seras mis au courant ! »

Il marque une pause avant de repartir sur un tout autre sujet.

« Mais parles moi plutôt de ton expérience là-bas ! Tu te doutes bien que moi non plus je ne vais pas rester *ad vitam eternam* dans la *boîte* et je commence à me renseigner sur les possibilités qui s'offrent à moi. »

Je lui raconte mon expérience, la réceptivité du groupe sur lequel je suis tombé sans oublier l'accueil extraordinaire que j'ai reçu et le sentiment de sécurité que l'on ressent là bas. Il n'est pas surpris de mon étonnement quant aux droits de l'homme dans ce pays ; droits parfois bafoués pour appliquer un système de tolérance zéro avant de finir par le rôle et la place des femmes dans leur société.

« Eh oui **Jacques** ce sont les musulmans ! Que veux-tu y faire… » me répond-t-il !

« Tu vois **Serge** je ne suis pas d'accord avec toi ! J'ai profité de mon séjour dans ce berceau de l'Islam pour apprendre à connaître cette religion. Je suis allé à la mosquée, j'ai lu le Coran, j'ai écouté et surtout j'ai parlé avec des Imams. Ce sont des personnes pleines de bon sens et d'amour pour les autres et j'ai radicalement changé d'opinion ! »

Je vois bien que mon ami est dubitatif mais je reprends, fort de mes nouvelles convictions.

« **Serge**, je ne généralise plus et je ne mets plus tous les arabes dans le même sac ! Par contre, ce dont je suis sûr, c'est que les *fils de putes* qui ont tué les miens sont juste des assassins prônant l'Islam comme excuse de leurs actes barbares ! »

Après cet échange le silence s'installe et je sens bien que **Serge** se demande ce que j'ai derrière la tête. Il me connaît bien !

Cimetière de Keryado, Lorient, 10/11/2005 – 10H30

J'ai passé deux jours sur **Paris** dont une soirée durant laquelle, avec **Serge**, nous avons fait la tournée des grands ducs !

Ça m'a fait du bien ! On a bu, on a ri et j'ai pu constater que ce célibataire endurci est comme un coq en pâte dans cette ville qui ne dort jamais… même si je suis sûr qu'il est à l'aise partout.

Et aujourd'hui je me retrouve devant la tombe de **Paul** et de **Katia** en ce mois de novembre froid comme cela n'était pas arrivé depuis belle lurette.

Ça me rend fou de les savoir tous les deux sous cette plaque de marbre, allongés côte à côte et des vagues de souvenirs me reviennent. Je me rappelle **Paul** qui ne passait pas un jour sans vouloir dormir aux côtés de sa mère et finalement l'horreur lui a apporté le rapprochement éternel. Comme à chacun de mes passages ici ou même à chaque fois que je pense à eux je me surprends à leur parler.

« Je sais, je vous ai laissé tomber un peu mais j'ai pas pu faire autrement vous savez ! Et oui **Paulo**, je suis encore parti loin de toi mais tu vois je suis revenu ! Comme d'habitude mon fils ! »

Assis seul dans le froid j'ai l'impression qu'ils sont là, avec moi. Je vois leurs visages, j'entends leurs rires mais le plus dur pour moi est de ne pas sentir leur odeur ni même leurs souffles !

Je reste là un long moment avec la tête qui vagabonde, l'esprit ailleurs quand soudain je me rappelle que **Charlie** m'attend dans sa voiture. Après un dernier baiser à l'adresse de **Paul** et de **Katia** je retrouve *Béru* avec sa sempiternelle clope au bec !

« Dis moi **Charlie** je vois que tu n'as toujours pas arrêté de fumer… et tu vas me répondre c'est pour éviter de grossir ? »

« Bingo **Jacques** tu as tout compris. Et puis t'es quand même pas croyable ! On ne te voit pas pendant quasiment un an et quand tu rentres tu es désagréable avec moi… quelle honte ! »

Sa bouille d'ami est fendu d'un large sourire.

« Parlons sérieux **Jacques** ! Maintenant que tu as fini tes vacances au pays des *mille et une nuits* c'est quoi ton programme ? »

« Primo : me reposer ! Deuxio : prendre du bon temps, Tertio : faire du sport et *finalo* :vous enquiquiner un peu ! »

Charlie est mort de rire à chaque fois que j'utilise cette expression qui, sait-on jamais, finira peut-être un jour dans un dictionnaire.

Il était venu me récupérer à l'aéroport à mon retour de **Paris** et c'est moi qui lui avais demandé de passer au cimetière. Un an sans jamais rentrer en **France** car je voulais vraiment qu'il y ait une coupure, une cassure mais là, en arrivant devant cette tombe tout m'est revenu en pleine gueule, comme si tout c'était passé la veille. En me déposant au pied de mon immeuble

Charlie me donne l'ordre plus qu'il ne me propose de venir manger chez eux ce soir !

Je retrouve mon petit *F3* mais je n'arrive pas à me sentir chez moi dans ce petit trois pièces que j'ai pourtant choisi pour sa lumière et ses grandes baies vitrées donnant sur la mer. Je jette mes valises sur le lit et en faisant un petit tour du propriétaire je me rends compte que mes amis ont fait le plein de mon frigo… je souris puis je file sous la douche.

J'en avais besoin de cette douche où je reste longtemps à laisser l'eau couler sur mon corps. Ça me donne l'impression de me laver de tous ses mauvais souvenirs qui me hantent, de cette haine qui est toujours en moi.

Bien que je sois *chez moi* je retrouve la solitude.

Là-bas j'étais entouré, occupé. Tellement de travail à préparer les exercices et les séances d'instructions, même le soir dans ma chambre d'hôtel, que je n'avais pas le temps de gamberger.

Mais là j'étouffe. Il faut que je sorte !

Tout juste séché j'enfile ma combinaison de moto et d'un pas assuré je retrouve ma *800TDM*, bien au chaud dans son box, et qu'a bichonnée **Guy** durant mon absence. Elle démarre du premier coup et je file vers la route d littoral : **Fort bloqué**, **Guidel** puis cap sur le **Finistère** juste pour rouler et ne pas avoir à penser !

Sans même rentrer chez moi je stoppe devant chez **Charlie** et **Caroline**. Vu les voitures stationnées je sais avant même de m'annoncer qui est là et bien évidemment une fois la porte ouverte je retrouve la *clique* au grand complet… sous la houlette bienveillante du maître des lieux ! Je n'ai même pas le temps de finir mon apéro que je comprends ce que les loustics ont tramé ! Ils n'ont qu'un seul but : me trouver un travail dans le coin… Je crois avoir aussi compris qu'ils en ont marre de me voir bouger et qu'ils voudraient bien que je sois près d'eux ! Tout ça pour s'occuper de moi…. Un égoïsme bien appréciable et qui fait chaud au cœur !

Alors les allusions vont bons trains, les possibilités d'emplois tombent comme par hasard sur la table et comme par hasard aussi les fiches de recrutement sont faites pour moi !

Je les laisse parler, j'écoute sans mot dire. Je suis touché !

Paris, 14/12/2005 – 18H00

Avec ma barbe de quinze jours et mes cheveux bruns bien plus longs que d'habitude, je passe inaperçu dans ce quartier de la **Courneuve**.

De mon séjour en **Arabie Saoudite** j'ai rapporté quelques rudiments d'arabe qui me servent bien alors que je circule au milieu des jeunes en ce début de soirée.

Mes recherches m'ont permis de valider que c'est bien dans les cités, parmi les plus désœuvrés, que les islamistes viennent recruter. Ces jeunes qui se croient délaissés sont alors facile à convaincre et sans finalement comprendre ce qui leur arrive ils se retrouvent dans les camps d'entraînement au **Pakistan** ou ailleurs. Ça fait quelques jours que je sillonne le **93**, que j'écoute sans jamais poser de questions ! Je regarde et discrètement je filme certaines scènes, certaines personnes, grâce à ce matériel *high tech* acheté à prix d'or sur le *Net*.

Je furète sans même déranger tellement je me fonds au paysage ce qui m'est rendu facile grâce aux formations que j'ai reçues quand j'étais encore en activité.

J'ai déjà préparé mes *portes de sortie*, je suis serein mais je reste tout de même tous sens en éveil et je porte mon attention sur les groupes ou personnes qui lâchent des mots devenus cibles pour moi : **Dieu**, Jihad, **Ben Laden**, **Irak**, **Pakistan** etc… Sans coup férir je prend le maximum d'éléments sur ces gens que j'arrive à filmer ou prendre en photo sans même qu'ils ne s'en rendent compte.

Alors que je suis dans ces cités coincées entre les autoroutes **A86** et **A1** je me trouve près d'un bureau de poste d'où je peux observer le manège d'un groupe de trois hommes d'une trentaine d'années. Habillés de manière traditionnelle et portant barbe ils parlent avec deux jeunes ados à qui j'ai du mal à donner plus de 20 ans ! Je marche dans leur direction, les croisent et je décide de rentrer au café de la mairie. Je joue de chance car le groupe m'emboîte le pas !

Badaud parmi les badauds avec mon sac à dos posé à même la table juste à côté du café que je me suis commandé je suis à moins d'un mètre de cette équipe qui sans même s'en douter est filmée… Et oui comment devineraient-ils que le *clampin* à la table voisine de la leur et qui lit *L'équipe* sans même leur prêter attention les enregistre grâce à la caméra dissimulée dans son sac à dos ?

Il y a un véritable commerce qui se joue devant moi ! Outre quelques bribes de discussion que j'arrive à capter j'assiste en direct à un échange de billets d'avions ans parler d'une grande enveloppe kraft bien épaisse… Leur manège n'a pas duré plus de 10 minutes mais j'attends encore un bon quart d'heure avant de quitter le bar, direction le *RER B* !

Alors que je descends l'escalier menant à la station je sens que l'on essaie de m'arracher mon sac à dos pendant qu'une deuxième personne me pousse afin que je perde l'équilibre ! Ok ! Je n'ai rien vu venir mais, merci les heures d'entraînements, plutôt que de résister je me laisse partir en avant et je profite de mon inertie pour entraîner mon agresseur au sol.

Imparable prise de judo, maintes fois répétée et qui projette lourdement au sol l'indélicat. C'est un ado qui est tellement surpris qu'il ne fait rien pour éviter que je lui fasse une clé de bras en le plaquant ferment face contre la paroi de la cage d'escalier. Le second, un adolescent tout aussi pré-pubère que le premier n'a pas demandé son reste et a pris ses jambes à son coup. Je souris à cette fuite salvatrice pour l'intéressé quand mon *maitrisé* commence à parler.

« Oh *tié* fou ou quoi, on a rien fait ! Lâche moi bâtard ! »

« Et si je te casse le bras petit, aurais-je comme toi le droit de dire que je n'ai rien fait ? »

Je joins les actes à la parole en accentuant ma pression sur l'articulation de l'épaule… ce que l'intéressé ne semble pas énormément apprécier !

« Deux solutions jeune. Tu t'excuses ou je te casse le bras avant de te mener au commissariat le plus proche pour y déposer plainte pour tentative de vol ! Ton choix ? »

« C'est bon monsieur, on voulait rien faire de mal. Lâchez-moi s'il vous plaît je m'excuse ! »

Je dessers l'étau qui le retenait et il ne demande pas son compte. Vu la vitesse à laquelle il part, sans doute pour rejoindre son camarade d'infortune, je lui pressens un bel avenir dans l'athlétisme… si tant était qu'il arrête ses conneries… Bien que la scène n'ait duré pas loin de deux minutes je constate qu'autour de nous rien ni personne n'a bougé…

Déçu mais pas surpris !

Hôtel Best Western, Paris, 15/12/2005 – 15H00

Je me trouve au bar de l'hôtel.

Retour sur **Paris** où je ne regarde plus à la dépense. L'argent ? J'en ai aujourd'hui alors je m'en sers pour faire plaisir aux amis surtout et parfois aussi me faire plaisir. Cet hôtel de luxe dans le **quartier latin**, j'y suis bien. De plus **La Seine** n'est pas loin et j'en profite pour mes ballades et mes footings.

Serge me rejoint et en même temps qu'il me salue je lui remets un *Cédérom* sur lequel se trouvent toutes les photos mais aussi tous les petits films que j'ai faits dans les banlieues de **Paris** depuis un mois. Je vois à sa mine qu'il ne s'attendait pas à ça ! Je lui explique alors que depuis le 18 novembre je passe le plus clair de mes après-midis et de mes soirées à circuler dans toutes les banlieues chaudes autour de la capitale. Il me répond d'un sourire entendu.

« **Serge**, peut-être que tu ne trouveras rien d'intéressant sur ce support mais sait-on jamais. »

Il me répond d'un *Inch Allah* de circonstance.

« Comme tu dis **Serge** : Inch Allah ! Va-t-en savoir peut-être que sur ce *Cédérom* tu trouveras ne serait-ce qu'une photo et en même temps le fil de cette pelote que nous aimerions défaire… »

Mon ami marque une longue pause avant de me dire discrètement.

« Je comprends mieux ta barbe maintenant ! Mais de toi à moi qu'est-ce que tu es laid avec **Jacques !** »

Nous rions de concert de cette réflexion pas si déplacée…

« Plus sérieusement **Jacques**, tu devrais laisser la *DST* et le contre-terrorisme travailler. Tu sais comment ils travaillent avec leurs taupes qui remontent des filières. Prend du recul **Jacques** car tu risques juste d'avoir des ennuis supplémentaires ! »

« Des ennuis en plus de quoi **Serge** ? Aujourd'hui je n'ai qu'une chose qui me fasse avancer,et tu le sais ! Trouver la cause, le pourquoi et surtout trouver la ou les personnes qui ont mis cette bombe au **Louvre**. Alors si en faisant ça je découvre des informations permettant de sauver des vies je ne m'en priverais pas, bien au contraire ! »

Je vois bien que mon ami est gêné alors je complète ma position.

« Par contre **Serge**, par amitié, je ne veux pas te mettre en porte-à-faux ! Tu es mon seul contact, le seul en qui j'ai confiance même si à la *boîte* j'en connais bien deux ou trois autres mais on n'a pas les mêmes liens qu'avec toi. Alors si tu ne veux plus me servir de liaison, m'aider, je le comprendrais parfaitement. »

« Merci **Jacques**. Écoute, je transmets ton *Cédérom* à un pote de la *DST*. Il l'analyse et on voit… mais s'il n'y a rien d'exploitable là-dessus promets moi que tu laisseras tomber ! Combien de temps restes tu sur **Paris** ? »

« Demain j'ai rendez-vous avec une boîte anglaise qui recherche des types pour protéger des industriels se rendant à **Bagdad**. C'est bien payé alors je vais voir ! »

Siège d'Interprotect, Paris, 16/12/2005 – 09H

Lorsque j'arrive au premier étage de cette immeuble cossu de la rue **Mazzarine** je me surprends à dévisager l'hôtesse d'accueil !

Elle doit avoir dans les 35 ans. Elle semble grande et elle est très féminine dans sa robe noir serrée à la taille par une ceinture qui laisse deviner un corps parfait. Elle a de superbes cheveux blonds retenus par un chignon. Tout ça combiné à un léger maquillage qui met en valeur son visage… elle a tout pour attirer le regard ! Du coup j'en viens à vérifier ma propre apparence et heureusement que je m'étais rasé de près ce matin et que j'avais fait un détour chez le coiffeur la veille.

« Bonjour madame, Jacques **Mandrier** ! J'ai rendez vous avec monsieur **Barnett**. »

Alors qu'elle consent à lever les yeux vers ma personne j'en profite pour confirmer mes premières impressions : cette fille est vraiment très belle !

« Oui monsieur **Mandrier**, veuillez prendre place monsieur **Barnett** va vous recevoir dès que possible ! »

Je profite de l'emploi du temps certainement chargé de monsieur **Barnett** pour m'asseoir face à la superbe hôtesse que je dévisage sans vergogne et, reconnaissons le, avec un réel plaisir.

« Monsieur **Mandrier** ? »

Je l'admirais tellement cette jolie blonde que je ne l'ai même pas vue se rapprocher de moi avant qu'elle ne m'amène vers un véritable bureau de ministre. J'y suis accueilli par un homme d'une cinquantaine d'années, manifestement très attaché à son apparence, d'allure sportive et qui s'adresse à moi dans un français parfait tout juste teinté d'une respectable pointe d'accent *british !*

« Heureux de vous rencontrer monsieur **Mandrier**. En préambule il faut que je vous avoue que votre présence ici aujourd'hui n'est pas due au hasard. En effet l'accès à notre société n'est possible que par cooptation ! »

Je suis alors à moitié surpris lorsqu'il m'explique que deux de ses recrues lui ont parlé de moi. Un ancien camarade de mon commando mais aussi un ex-membre du *GIGN.* Deux bons gars avec qui j'ai eu l'occasion de travailler sur quelques missions.

« Merci de ces précisions monsieur **Barnett**. Vous recherchez donc bien du personnel qualifié pour des missions de trois à quatre semaines en **Irak** afin d'assurer la protection et l'escorte d'industriels ou de personnalités se rendant dans ce pays ? »

« C'est cela monsieur **Mandrier**, tout à fait exact ! Notre société qui va sur ses dix ans, déjà, a été créée suite aux besoins suscités par les régions à risque de l'époque telles que le **Kosovo** ou encore bien d'autres pays de l'**Est**. Mais à ce jour les besoins sont, comme on se plaît à le dire : globaux ! Nous fournissons en effet du personnel qualifié dans le monde entier ! »

Il se libère d'un chat dans la gorge puis reprend.

« As a former British Army's officer I like to work with former military people with specific skills ! *(En tant qu'ancien officier de l'armée britannique j'aime travailler avec e'anciens militaires qui disposent de compétences particulières !)* »

L'instant que je pressentais est venu, sans aucune annonce, **Barnett** ayant décidé de passer sans même changer de ton du français à l'anglais ! Test logique pour une future recrue *to be sent worldwide (qui doit être envoyée dans le monde entier)* !

« I totally agree with your methods mister **Barnett** and I really hope that my skills will fit with your expectations ! *(Je suis tout à fait d'accord avec vos méthodes monsieur **Barnett**. J'espère réellement que mes compétences correspondent à vos attentes !)*

Mon interlocuteur britannique se fend d'un discret sourire. Il n'est manifestement pas mécontent de mon anglais qui, de scolaire, est devenu un peu plus d'actualité suite à mon année en **Arabie Saoudite**. Nous poursuivons en évoquant mes passés militaires et civils et après une heure d'un entretien que je qualifierais de pointu il me propose un premier contrat de trois mois dès janvier. Je ne lui laisse pas le temps de changer d'avis en lui tendant la main pour finaliser le projet !

« C'est tout bon pour moi monsieur **Barnett**, je suis votre homme ! »

« Voyez avec **Laëtitia** pour les modalités monsieur **Mandrier**. Elle va gérer pour vous la paperasse pour vos visas. À propos, vous ne m'avez posé aucune question concernant le salaire, cela ne vous intéresse pas ? »

« Je le saurais bien assez vite et puis j'ai une idée des fourchettes de salaire dans ce genre de travail ! »

Son sourire en dit long en même temps qu'il me raccompagne vers cette superbe blonde dont je connais maintenant le prénom ! **Laëtitia** me propose de la rejoindre derrière le comptoir et m'offre ainsi la possibilité d'admirer les courbes de son corps qu'un tailleur du plus bel effet valorise on ne peut mieux.

« Asseyez-vous monsieur **Mandrier**. Merci de compléter ces formulaires et de me remettre votre passeport afin que je m'occupe des visas. Avez-vous un *RIB* avec vous pour les formalités relatives à votre salaire ? »

Je marque un temps avant de lui répondre, trop occupé à profiter de son parfum discret mais tout aussi envoutant.

« Désolé, je n'en ai pas avec moi et je vais être obligé de repasser car je n'ai ni mon passeport ni de *RIB* avec moi ! »

« Pas de soucis monsieur **Mandrier**, passez quand vous le voulez je suis ici du lundi au vendredi de 08h30 à 17h00 ! »

Je tarde à compléter toute cette paperasse que **Laëtitia** m'a donnée, profitant ainsi de sa présence et ce n'est qu'un quart d'heure plus tard que je me retrouve dans le **quartier Latin** accompagné du parfum de cette femme qui déjà quelque part m'intrigue et pour sûr ne me laisse pas de marbre. C'est bien la première fois depuis plus d'un an et demi que je suis sensible à ce genre de choses et c'est bon signe car mon subconscient se remet à fonctionner et m'envoie des messages de plaisir… je suis tout simplement vivant !

L'après-midi même je revois ma belle hôtesse pour lui remettre les documents demandés. Elle m'apprend que mon entrée en **Irak** devra se faire en qualité homme d'affaire et qu'elle se charge de m'obtenir une attestation d'une chambre de commerce pour rendre crédible ce poste de couverture.

Paris, 16/12/2005 – 20H

J'ai rejoint **Serge** qui dans l'après-midi m'a invité à *l'Hippopotamus* des **Champs-Elysées**.

Autant dire que je ne me suis pas fait prier pour l'y rejoindre car il m'a annoncé qu'il y a avait du nouveau ! Alors que nous sirotons un *whisky* de bonne facture, installés confortablement dans les canapés rouges traditionnels de cette chaine de restaurant, il attaque :

« **Jacques**, on peut dire que tu as le *cul bordé de nouilles*. On a exploité tes photos et sur plusieurs apparaît un type dont la *DST* avait perdu la trace depuis son retour sur le territoire ! »

Je suis satisfait de ce résultat d'autant plus que **Serge** m'apprend que du coup la *DST* ne voit pas d'inconvénient à ce que je continue mes balades. Après une gorgée du breuvage écossais dont je le sais amateur il reprend :

« Dès que tu as du nouveau je suis ton intermédiaire mais tu peux contacter directement **Pierre** qui est ton *point de raccro d'urgence* en cas de besoins mais seulement et seulement si je ne suis pas là ! »

Il me confie un post-it où est griffonné le numéro de **Pierre**.

« Merci **Serge**. Je m'en occupe dès mon retour car en janvier je pars faire la *nounou* pendant trois mois pour des industriels français en recherche de contrats à **Bagdad !** »

« Et bien tu ne t'arrêtes plus ! Il va falloir que tu me serves d'impressario lorsque je prendrai la quille… Des petites gâches comme ça de trois mois, cela m'irait bien. Tu vas te faire combien là bas ? 100 000, plus ? »

« Je n'ai même pas demandé mais dans ces ordres même si j'espère plus aux alentours de 150 000 ! »

La suite de notre repas est consacrée à des discussions plus terre à terre. L'argent, les femmes, la vie. Une bonne soirée à décompresser.

« En parlant de femmes **Jacques**, tu n'as rencontré personne depuis un an et demi ? Même pour l'hygiène ? »

« Rien **Serge**, nada, niente ! Pas envie même si parfois sous la douche je passe en mode *déplacement longue durée* si tu vois ce que je veux dire. Pas l'envie même lors de mes passages dans les hôtels de luxe où j'ai pourtant rencontré des femmes époustouflantes que quelques billets m'auraient permis de *séduire* ! »

Il sourit car il sait que je le sais être un habitué de ces amours tarifés…

« Tu vois de quoi je parle **Serge** ? »

« Parfaitement **Jacques !** Je suis assez friand de ce genre de rencontres mais malgré un carnet d'adresses plein je reste célibataire endurci qui lave ses chaussettes tout seul ! »

Nous rions de bon cœur même si ce dernier point commun je ne l'ai pas choisi !

Paris, 20/12/2005 – 16H30

Je retourne une nouvelle fois rue **Mazzarine** pour finaliser mon départ du mois de janvier.

En m'approchant de **Laëtitia** et sans pouvoir me contrôler mon cœur s'accélère ! Je n'en reviens que cette fille est en train de me retourner la tête alors que je ne m'en sens pas le droit. **Katia** est parti depuis si peu de temps et je sais qu'il est trop tôt pour ressentir à nouveau des sentiments. Je m'en veux un peu d'avoir cette joie intérieure de revoir **Laëtitia**. Sans même le savoir elle accentue mon malaise en me souriant.

« Bonjour monsieur **Mandrier**, j'ai reçu tout vos documents ce matin. Vous ne pouviez pas mieux tomber ! »

« Bonjour mademoiselle, je vois qu'on est *synchro*, c'est bien ! »

Je lui tends la main, c'est la première fois, et je sens la douceur de sa peau. J'espère juste qu'elle ne sentira pas quel combat intérieur je mène pour rester naturel. Elle me fixe de ses yeux bleus et le temps a l'air de se s'arrêter. Elle me tend alors une grande enveloppe kraft à l'intérieur de laquelle je trouve mon passeport avec les visas, le nom de mon hôtel et un plan de **Bagdad** et de l'**Irak** en général. J'y trouve également une liste de noms avec les numéros de téléphones cellulaires des autres agents de la société qui seront sur place pendant mon séjour. C'est alors qu'apparaît monsieur **Barnett**.

« **Jacques**, heureux de vous revoir. Vous avez quelques instants à me consacrer pour que nous parlions détails ? »

« Bien sûr monsieur **Barnett !** »

Mon nouveau boss m'expose alors que je serais pris en main, dès mon arrivée sur place, par le responsable local qui sera mon correspondant direct. Tout est évoqué et je reconnais là la patte d'un ancien militaire. Armement, modes comportementaux, matériels divers mais aussi mon emploi du temps détaillé qui me sera communiqué régulièrement par mon contact. Il complète son listing par un point qui est tout sauf du détail.

« **Jacques**, n'oubliez surtout pas de respecter quelques règles de base dont celle de toujours prévenir l'armée américaine, i vous devez vous déplacer en dehors de **Bagdad** et n'hésitez jamais à demander une escorte. Enfin, évitez de sortir avec le client le soir, même pour faire un restaurant, et jamais au grand jamais ne vous habillez de manière que cela laisse laisser penser que vous puissiez appartenir à un groupe para-gouvernemental, du type *CIA*, *FBI* ou tout simplement un membre des forces spéciales américaines ! »

J'acquiesce du chef à toutes ses recommandations avant qu'il ne reprenne son monologue.

« Le nom de votre responsable : Grégoire **Talard !** C'est auprès de lui qu'il faudra formuler toutes vos demandes de liquidités. Bonne chance à vous et à bientôt **Jacques !** »

Il finit sa phase tout en se levant pour me raccompagner à la porte de son bureau. Alors que j'en sors je m'aperçois qu'il n'y a plus personne à l'accueil et en regardant ma montre je comprends pourquoi, il est dix sept heures passées ! Alors que je sors de l'immeuble j'aperçois **Laëtitia** qui attend le bus et j'allonge le pas pour surtout ne pas me faire griller par un maudit bus, qui pour une fois, j'en suis sûr, sera à l'heure. Ouf, j'ai le temps d'arriver à sa hauteur sans qu'elle ne m'ait vu.

« Alors mademoiselle, journée terminée ? »

Elle se retourne, surprise.

« Accepteriez-vous de boire un café avec un pauvre provincial perdu dans **Paris** ? »

Pour toute réponse elle rit franchement en me répondant.

« Vous perdu ici, à **Paris** ? Si c'est vraiment le cas alors laissez tomber votre voyage du dix janvier c'est mieux ! »

« Aïe… un point pour vous, bravo ! Mais pour le café l'invitation tient toujours, alors si le cœur vous en dit… »

« Merci monsieur **Mandrier** mais pas ce soir je suis assez pressée, mais un autre jour pourquoi pas ! »

« Ok. Passez une bonne soirée et au plaisir de vous revoir, au moins pour un café… »

Un peu dépité je reprends ma marche. J'ai envie de flâner. L'air est frais mais sec et c'est agréable de se promener dans **Paris** illuminé, même seul. Demain, avant de reprendre la route de **Lorient**, j'irai faire les grands magasins afin d'acheter des cadeaux pour mes amis. Les fêtes de fin d'années approchent et je dois dire que je n'ai encore rien prévu. Perdu dans mes pensées je n'ai pas vu le bus me doubler et venir s'arrêter à l'arrêt situé quarante mètres devant moi. Un arrêt où je retrouve **Laëtitia** emmitouflée dans son manteau et qui me demande si le café tiens toujours !

« Plus que jamais, plus que jamais ! »

D'un pas assuré elle nous amène dans une petite brasserie située à un jet de pierres de l'abri bus. Par chance il n'y a pas beaucoup de monde à l'intérieur et nous nous asseyons près de la fenêtre donnant sur la rue.

« Monsieur **Mandrier**… »

« **Jacques**, appelez-moi **Jacques** ! »

« **Jacques**, ne me demandez pas pourquoi j'ai accepté. Je dois être folle et surtout n'allez pas croire que j'accepte toutes les propositions des personnes qui se présentent chez nous mais là j'en ai eu envie. Peut-être à cause de cette petite pointe de tristesse que j'ai lue dans vos yeux et que je ne m'explique pas… et puis arrêtez avec ce mademoiselle, mon prénom est **Laëtitia** ! »

Je n'ai rien à lui répondre et je me contente de la regarder et de lui sourire.

« Alors **Jacques** ? »

Je sors de mes pensées avant de lui répondre.

« Vous savez **Laëtitia**, si je pensais que vous acceptez toutes les propositions je ne vous aurais jamais invitée. Mais l'essentiel est que vous soyez là, avec moi, car je n'y croyais plus. Vous m'avez juste surpris, agréablement surpris ! »

Le garçon vient interrompre ce début de conversation pour prendre les commandes. Ce sera un thé au citron pour **Laëtitia** et un café pour moi.

« C'est marrant **Jacques** car de par ma position dans l'entreprise j'en connais finalement plus sur vous que vous sur moi. J'ai lu votre *CV* tout comme les deux lettres de parrainages de vos amis et lorsque je regarde votre visage je ne vois pas les traits d'un baroudeur mais plutôt ceux d'un homme blessé, meurtri et surtout mélancolique ! »

Sans même le savoir elle venait de me toucher plein fer. Décidément cette femme me surprenait.

« Ce n'est pas faux **Laëtitia** et depuis plus de trois ans je ne suis pas le plus heureux des hommes… mais qui le serait en perdant coup sur coup son fils et sa femme ! »

Je la vois marquer le coup mais je poursuis.

« Mais maintenant la vie continue. Il me faut regarder devant et ce qui ne nous tue pas nous rend plus fort. Alors même si c'est dur pour moi j'essaie de l'appliquer et je m'accroche. »

« Je suis désolée **Jacques** d'avoir été aussi directe. Je suis vraiment confuse ! »

Elle rougit, sans doute gênée d'avoir constaté que plus je parlais et plus ma voix s'enrouait.

« Ça n'est rien **Laëtitia**. Allez ! Si vous me parliez de vous plutôt, de votre parcours, de votre vie. Dites moi tout, j'ai juste envie de vous écouter parler ! »

Et là, sans pudeur, **Laëtitia** s'est mise à se raconter. Originaire de l'Est de la **France** elle avait grandi dans un petit village appelé **Forbach**. Des études de secrétariat et de comptabilité puis, par amour, elle a suivi un homme sur **Paris** à tout juste 22 ans. Puis elle a vite déchanté, l'amour en question s'est volatilisé dans le grand **Paris** et elle depuis végète, vit de petits boulots et a participé à quelques salons comme mannequin jusqu'à voici deux ans où elle a commencé à travailler dans la société de monsieur **Barnett**.

« Et vous avez encore de la famille à **Forbach** ? »

« Oui, ma mère et mes deux sœurs, **Jacques**. »

« Et belle comme vous êtes, vous êtes toujours seule ? »

« Sentimentalement, je suis un peu trop fleur bleue et cette beauté, même si je ne me trouve pas si belle que ça, fait que les hommes me voient plus comme une femme froide et intouchable ou alors une maitresse à mettre dans leur lit, pas plus ! »

Sa voix qui depuis le début marquait une véritable sensibilité a changé. C'est sûr qu'elle souffre de cette situation. Je sens en elle ce mélange de femme forte qui s'est construite seule et qui, comme beaucoup, a souffert dans sa vie d'adulte en sachant toujours se relever pour avancer. Mais il y a aussi cette autre facette que l'on devine, cette fragilité, cette envie d'être protégée et ce besoin qu'on prenne soin d'elle. Et là, sans même que je ne m'y attende elle se lève d'un bond en s'excusant :

« **Jacques**, désolée mais je dois y aller car c'est bientôt l'heure de mon dernier bus ! »

Instinctivement nous nous faisons la bise avant qu'elle ne parte et je la suis du regard, toujours assis devant mon café que je n'ai même pas touché, pris par cette discussion qui m'a donné la sensation que l'on me sortait de terre.

J'ai l'impression de revivre !

Je règle la note et je retrouve les rues parisiennes décorées pour Noël. Il y a dix jours j'avais le cafard en les voyant mais aujourd'hui je les trouve magiques…

Gare de Lorient, 21/12/2005 – 12H15

Dans cinq minutes j'arrive en gare de **Lorient** où doit m'attendre **Guy** qui est venu me récupérer.

Je souris et je suis bien car à mi-chemin entre la capitale et **Lorient**, en pleine campagne et alors que le train du retour était lancé à plus de 200 km/h j'ai eu la surprise de recevoir un long texto :

Jacques,

merci pour ce moment partagé et de m'avoir écoutée hier au soir. Ça m'a fait du bien car j'avais besoin et envie de me confier. Ne me demandez pas pourquoi,

je l'ai fait alors qu'on ne se connait quasiment pas mais ce genre de choses.

S'explique pas !

J'ai tant parlé que je ne vous ai même pas laissé vous raconter. Alors vivement un nouveau moment partagé pour apprendre à vous connaître.

Bonnes fêtes de fin d'année !

Sacrées secrétaires ! Ce sont les mieux placées pour récupérer un numéro de portable…

Mais cette intrusion dans une forme d'intimité me touche car ce message m'a fait terriblement plaisir. Pour être franc, depuis hier au soir je ne cesse pas de penser à elle, à notre rendez-vous et j'ai l'impression d'être un pauvre adolescent amoureux pour la première fois alors que j'aime toujours **Katia**, la mère de notre fils…

Je m'en veux de ces sentiments pour **Laëtitia** et je culpabilise mais l'envie de lui répondre est plus forte.

Laëtitia,

ne me remerciez pas, ! Pour connaître les gens, faut savoir les écouter et j'ai pris un véritable plaisir à vous découvrir ! Finalement je ne suis qu'un égoïste !

Pour le café c'est quand vous le souhaitez et merci pour m'avoir donné votre numéro que je n'avais pas osé vous demander...

Profitez bien de ces fêtes de fin d'année !

Alors que je suis presque arrivé mon message n'est toujours pas parti, manque de réseau ! C'est en touchant le quai que je sens mon portable vibrer pour m'annoncer que mon message a bien été délivré.

Lorient… où comme à chacun de mes retours j'ai ce sentiment bizarre, cette gêne teintée de malaise certainement dû à tous ces souvenirs que j'ai ici avec **Katia**. Le festival inter-celtiques, nos soirées en boîte, nos petit-déjeuners au café de la gare. Mon bonheur de jadis me saute à la gueule à chaque fois !

Je retrouve **Guy** qui sans même me le demander me dépose directement au cimetière, comme à chaque fois. Il le sait, tous mes amis le savent que c'est mon premier rendez-vous et que je le réserve à **Katia** et **Paul**. J'y rentre seul, comme un automate, et là aussi comme à chaque fois je leur parle.

« Mes deux amours me revoilà. Je ne vous oublie pas et vous savez bien je ne vous oublierai jamais ! Je reviens de **Paris** où dans ces banlieues tristes et moroses ce sont vos visages qui me font aller de l'avant et m'aide à continuer car je veux savoir qui a déposé cet engin qui a détruit vos vies, ma vie, nos vies ! »

Je marque une pose, gêné dans mon monologue par une vieille dame venue fleurir une tombe mitoyenne. Ce que j'ai à dire est tellement dur que j'attends son départ avant de reprendre. Elle part non sans m'adresser un sourire de compréhension.

« **Katia**, ma **Katia**, je voulais te dire que j'ai rencontré une femme. Tu sais qu'on se disait toujours qu'on ne peut aimer qu'une fois et là cette rencontre… Du coup j'ai l'impression de te trahir mon amour mais je me devais de te le dire même si je suis sûr que de là où tu es tu dois déjà le savoir ! J'ai besoin de toi, de ton avis. Dis moi, fais moi juste un signe si tu le peux. Je t'aime, je vous aime… »

J'arrête de parler et je reste là un long moment. Je réfléchis au ridicule de la situation, de cette situation que je répète à l'envi qui me fait parler à une pierre tombale qui me prive de deux corps que j'ai tenus, aimés… Alors je me fous du nom du **Dieu** concerné, **Allah**, **Yahvé** ou autre… oui ça m'est égal ! Je veux juste qu'il leur assure une belle vie derrière cette porte de la mort que nous prendrons tous un jour.

Je suis submergé par tant de questions auxquelles je ne sais pas répondre. Cette rencontre, une femme qui peut-être me donnera de nouveaux enfants et toujours en point de mire la mort… puis deux femmes à aimer ! La question ne se pose pas pour les enfants car on aime ses enfants d'un même amour mais la place des deux femmes ?

Je suis mal !

En sortant du cimetière je croise **Francis**, le père de **Katia** et sans même nous parler nous tombons dans les bras l'un de l'autre pour une longue accolade qui en dit long. Il profite de ce moment fort pour me glisser à l'oreille qu'il aimerait bien que je partage leur repas du 25 au midi. J'y serais. Je rejoins **Guy** qui me remet sur les rails de cette vie que j'ai du mal à assumer.

« Bon là **Jacques** direction la maison et vite car papa doit nous attendre pour manger et tu le connais ! S'il ne peut pas faire sa sieste avant de rouvrir le magasin il va encore être ronchon ! »

Arrivé chez **Charlie** on me presse de questions sur mon séjour à **Paris**. Ils veulent tous savoir ce que j'ai bien pu y faire pendant plus d'un mois. Pour moi il est hors de question d'en parler et de mêler mes amis à cette entreprise que je mène. Alors je noie le poisson et je ne parle que de mon nouveau travail et de ma prochaine mission à **Bagdad**.

« Mais tu es vraiment cinglé ! Qu'est-ce que tu vas te faire chier là bas et risquer de te faire tuer. Tu es vraiment con ! »

C'est sorti d'une traite. **Caroline** a lâché cette phrase, les larmes aux yeux avant de quitter la pièce. Ça jète un froid et je sens bien dans les regards de mes hôtes qu'ils sont inquiets, ! J'essaie de les rassurer.

« Écoutez, des missions j'en ai quelques unes au compteur alors je ne vois pas pourquoi celle là vous inquiète plus que les autres ! »

C'est **Charlie** qui me répond.

« Arrête **Jacques** ! C'est pas pareil et tu le sais ! Avant tu faisais partie d'une grosse structure mais là tu n'es qu'un mercenaire et s'ils t'attrapent tu es un homme mort. Alors oui, là tu nous fais chier avec tes idées à la con ! Merde, tu peux pas te trouver un boulot peinard, ici en **France** ou alors comme celui que tu as fait en **Arabie Saoudite** à former des gars ? Mais s'il te plait, pense un peu à nous, ne vas pas dans des pays à la con comme ça ! »

« Tu le sais aussi bien que moi **Charlie** que j'ai besoin de ça et que si je reste à ne rien faire ou à faire un truc qui ne me plait pas je vais péter un câble. Il me faut mon taux d'adrénaline, mais rassurez-vous je ne suis pas suicidaire et j'aime trop votre compagnie pour m'en passer ! »

Je me lève et vais frapper à la porte de la chambre de **Caroline**. Elle est assise sur le lit, les yeux rougis. C'est une femme forte qui n'a pas sa langue dans sa poche et qui fait tourner de main de maîtresse sa maison et le magasin avec la même volonté. Mais je sais aussi que derrière cette carapace se cache un cœur en or et une très grande sensibilité. À chacun ses propres défenses et celle de **Caroline** c'est sa colère, une colère renforcée par la disparition de **Katia** dont elle était très proche.

« Oh *maman*, ne t'en fais pas, je vous aime trop, tous, pour faire une bêtise ou prendre un risque quelconque. J'ai surtout pas envie de me priver à jamais de ton célèbre *tiramisu !* »

Elle essaie de contenir un sourire.

« Tu fais chier **Jacques**, j'ai pas envie de rire. Pourquoi faut que tu ailles prendre des risques inutiles là-bas ! Putain, tu as gagné du pognon pendant un an, tu pourrais voir venir et trouver un petit boulot dans le coin mais non *môssieur* veut retourner se faire trouer la peau comme mercenaire et tu voudrais que je cautionne ça ? Et bien NON ! »

Je ne sais pas quoi répondre à tant de vérités car elle a raison ! J'ai du pognon, je pourrais laisser aller, me poser un peu et construire un projet professionnel en **France** sans prendre trop de risques mais voilà, j'en ai besoin. Il faut que je bouge, que je m'imprègne encore de cette ambiance qui me manque et ce manque il faut que je le comble !

Je dépose un baiser sur son front.

« Ne t'en fait pas **Caro**, ça ne va pas durer dix ans et puis je ferais attention. Alors s'il te plaît on n'en parle plus pour l'instant… par contre si on parlait de *tiramisu* j'en ai vu un beau dans le frigo. Alors si tu ne viens pas dans les deux minutes qui viennent je viens te le renverser sur ta jolie petite tête ! »

Elle m'en sait capable alors elle se lève et nous rejoint à table. La conversation reprend son cours normal. **Guy** nous parle d'un nouveau projet qu'il a ce qui, bien sûr, génère de toutes parts des remarques assassines. Mais on le connaît bien notre **Guy** et il ne lâchera pas le morceau. Il ira au bout de son idée, au bout de sa réussite ou de son échec et c'est pour cela que je l'admire. Il croit en lui, en sa bonne étoile et il avance. C'est beau et ça force le respect. La bonne humeur est revenue et à un moment, bien sûr, ça dérape et un morceau de *tiramisu* se retrouve sur la figure de **Pauline** et ce qui suit est dix fois plus violent que ce qui se passe à **Bagdad**, mais je me garde bien d'en faire la remarque à **Caroline**…

Plœmeur, 25/12/2005 – 14H30

Je suis chez les parents de **Katia**. J'y retrouve avec plaisir **Michèle, Luc** et le petit **Kévin.**

La veille j'avais passé le réveillon dans une salle qu'on avait loué. On était une vingtaine, que des amis, de **Charlie** à **Pierre** en passant par **Alain** et **Olivier**. C'était vraiment bien surtout que **Pascal** nous a joué le père Noël. Une soirée agréable même si j'ai eu droit à mon coup de blues lors de la distribution des jouets aux enfants, alors je suis sorti pour ne pas gâcher la fête et j'ai regardé le ciel pour souhaiter en direct un joyeux Noël à mon **Paulo**.

Aujourd'hui le repas est plus calme. Ça me fait du bien de venir ici et de revoir la famille de **Katia** même si c'est tout aussi difficile à cause des souvenirs, des objets et des photos… un véritable musée à la mémoire de **Katia** et de **Paul**, alors j'ai un peu de mal ! Heureusement les rires de **Kévin** nous font passer une bonne après-midi. Alors que nous allons sabrer le champagne **Michèle** demande à prendre la parole.

« Papa, maman, **Jacques** ! **Luc** et moi voulions vous annoncer que **Kévin** va bientôt avoir un petit frère ou une petite sœur… Voilà, c'est dit ! »

Je suis sincèrement heureux pour eux car ils ont eu du mal au départ pour en avoir et il semble que la machine est lancée. C'est bien car ils ont des tonnes d'amour à donner et je sais que ce nouvel enfant sera heureux et choyé. À la demande de **Michèle** je parle à **Francis** de mes projets en cours sans trop de précisions car je ne veux pas l'inquiéter, il n'a pas besoin de ça.

Vers 17 heures je prends congé, **Francis** me raccompagne.

« **Jacques**, je te rappelle que tu es ici chez toi alors fais nous plaisir en passant quand tu le veux ! »

« Idem pour chez nous… » me précise **Michèle.**

« Merci à tous et je n'hésiterai pas à passer pour mon plus grand plaisir ! »

C'est vrai que j'aime bien les voir car j'ai beaucoup de tendresse pour eux mais je ne ne suis pas mécontent de partir car pendant le repas j'ai senti vibrer mon portable. J'espérais tellement que c'était **Laëtitia** et par respect pour ma belle famille je n'ai pas regardé et je comprends que j'ai bien fait quand je découvre que c'est effectivement **Laëtitia** qui en était à l'origine.

Joyeux Noël à vous et toute votre famille.
L !

J'en suis troublé. On ne se connaît si peu et là en pleine fête de famille elle prend le temps de m'envoyer un message. Je suis touché, flatté et en même temps gêné car ce message est arrivé pendant que j'étais avec la famille de **Katia** et je culpabilise terriblement mais je n'hésite pas à répondre.

Joyeux Noël à vous également et tous vos proches L !

Votre message m'a touché...

Merci.

Bises.

Jacques

J'attends l'accusé de réception avec fébrilité… et il ne tarde pas !

C'est décidé et ce soir je resterais chez moi. Je vais en profiter pour mettre de l'ordre dans mes papiers et me reposer mais le moment venu les papiers me saoulent vite et je vais vite flâner sur le net afin de préparer au mieux ma mission.

Quel outil extraordinaire qui me permet de trouver depuis chez moi et bien au chaud ce que je veux savoir sur ce pays, les unités américaines dans le secteur et les quartiers dangereux. Je l'aime ce travail de préparation car il me remet dans le bain des forces spéciales et plus il sera abouti plus simple en sera la mission surtout dans la gestion de ses cas *non-conformes* qui ne manqueront pas de se présenter… j'en suis sûr !

Ce n'est que tard dans la nuit que je m'endors, *PC* sur le lit et potable pas très loin de moi, en attente…

Paris, 08/01/2006 – 16H00

Me voilà de retour au *Best Western* du **boulevard Saint-Michel,** à la seule différence que là c'est la société pour laquelle je travaille qui va payer !

Assis sur mon lit *king-size* je me suis mis à penser à la soirée du nouvel an que j'avais passée avec mes ex-camarades des commandos. Je savais qu'un certain nombres d'entre eux avaient réservé un salle à **Caudan** afin de franchir ensemble le cap la nouvelle année et en plus ils m'avaient invité. Une soirée très agréable faite d'anecdotes sur nos aventures communes mais aussi et surtout de fous rires provoqués par l'évocation des missions qui ne se sont pas déroulées conformément au scénario prévu.

J'étais bien là, entouré de ces hommes de l'ombre, prêts à quitter leur famille sur un claquement de doigt pour aller sauver des inconnus à l'autre bout du monde. Je pense que pour faire ce métier il faut aimer **l'Homme** et même si cela peut paraître paradoxal pour certains je pense ne pas être loin de la réalité. C'est sûr que vu de l'extérieur nous passons pour des têtes brûlées, des *va-t-en guerre* aimant l'aventure, la bagarre etc. mais au-delà de tout ça, et je le dis pour l'avoir vécu, c'est ce sentiment d'être utile, d'apporter un espoir, un réconfort et ce sentiment d'être un *Zorro* des temps moderne qui nous fait avancer. Dans ma réflexion je viens de me rentre compte que je continue à dire *nous* alors que je n'en fais plus partie…

Commando un jour, commando toujours !

À chaque fois qu'il m'est arrivé de sortir des femmes, des enfants ou toute une famille d'un coin de paradis qui s'était transformé en enfer avec l'arrivée de la guerre j'ai toujours vu dans le regard de mes hommes ce mélange de fierté et d'émotions et au milieu de cette salle en ce soir de réveillon je me rendais compte à quel point ces hommes me manquaient, leur compagnie, leur soutien, leur confiance. Cet échange d'adrénaline qu'on avait pu avoir pendant une opération ou cette peur que l'on ne se montrait pas avant l'action et mieux encore ce bonheur indescriptible après… sans parler des regards que nous échangions et qui en disaient si long ! Histoire de respect mutuel…

Au moment des vœux tous sont venus me souhaiter du bonheur et un nouveau départ pleins de richesses. J'aime la pudeur de ces gars car aucun ne m'a parlé de mon drame alors que tous savaient ! Ces regards, ces accolades, ces tapes dans le dos étaient le meilleur carburant qu'ils pouvaient me donner pour aller de l'avant.

En me couchant vers 06 heures du matin je me rendais compte à quel point j'étais riche en amitié que ce soit dans le milieu militaire ou le milieu civil. J'avais un groupe d'amis extraordinaire. Entouré de la sorte il ne pouvait rien m'arriver, c'était impossible !

Je profite de ce confort aux *frais de la princesse* pour une bonne douche réparatrice. Il est 16H50, je suis tout beau tout propre et dans dix minutes **Laëtitia** finit son travail… j'hésite à lui envoyer un message pour partager ce café évoqué voici peu. Pragmatique, j'en viens à la conclusion que si je me pose la question c'est que j'en ai envie alors j'attrape sans plus hésiter mon portable.

Bonjour Laëtitia,

Je suis sur Paris et il me semble me rappeler que vous me devez un café…

Je suis dispo si vous le désirez !

Jacques

Le message est assez direct mais tant pis. Il est parti comme ça et l'accusé de réception me revient rapidement.

Les jeux sont faits rien ne va plus !

Je me surprends à sourire. Je redécouvre des sentiments qui depuis plus de trois ans me semblaient perdus à jamais. Alors en mode *ado* j'attends une réponse qui, heureusement, ne tarde pas. Mon téléphone vibre et il n'a pas cessé de vibrer que j'ai déjà ouvert le message. Déception, ce n'est que **Serge** qui me confirme notre déjeuner de demain midi.

17H15 et toujours pas de réponse… alors je me fais une raison et de toute façon il est vrai que mon message était assez brut de fonderie. Je décide de sortir après avoir passé mon blouson car il fait froid sur la capitale en ce début d'année. Je saute dans le premier métro en direction du **quartier latin** dont l'animation permanente me fera le plus grand bien. Alors que je ressors à l'air libre presque un quart d'heure plus tard je vois que j'ai reçu un *SMS* de **Laëtitia** mais le vacarme environnant et cette proximité étouffante avec les utilisateurs me l'ont fait louper.

Jacques,

Désolée de cette réponse tardive mais je viens juste de sortir du travail.

Pour le café c'est OK, même brasserie que la dernière fois.

« L »

Je ne me fais pas prier et c'est au pas de course que je la rejoins. Elle est déjà là, assise seule à une table, rayonnante au milieu des autres clients. Elle est habillée d'un pantalon noir et d'un chemisier blanc très *BCBG*. Ses cheveux sont tirés en arrière avec une queue de cheval du plus bel effet. Elle m'accueille avec un de ces sourires dont elle a le secret et qui, je dois l'avouer, me fait craquer. On se fait la bise et, mois de janvier oblige, on se souhaite une bonne année.

« **Laëtitia** vous êtes radieuse ! Merci d'avoir accepté mon invitation forcée à m'offrir un café. »

Elle sourit.

« Merci à vous **Jacques**. C'est avec plaisir que je vous l'offre. Au fait, désolée pour tout à l'heure si j'ai été un peu longue à vous répondre mais j'étais dans le bureau de M. **Barnett**. »

« Ne vous excusez pas, boulot avant tout. Je voulais vous dire également que votre message à Noël m'a beaucoup touché car cette journée étant en général la journée de la famille votre pensée à mon égard m'a surpris et m'a fait d'autant plus plaisir ! »

Je remarque que mes remerciements la gênent et qu'elle rougit légèrement.

« Vous n'avez pas à me remercier. Parfois une simple pensée peut faire plaisir alors pourquoi s'en priver. Comment se sont passées vos fêtes de fin d'année. ? »

Je lui répond d'un sourire et lui conte par le menu mes deux réveillons. Différents, certes, mais avec un grand point commun : l'amitié. Je lui explique l'importance que revêt pour moi ce sentiment et que sans ami nous ne sommes rien mais aussi que c'est pour moi la plus belle des richesses. Je lui explique que c'est une richesse de cœur et d'âme que de savoir qu'on est entouré de gens qui nous aiment et que cela ne peut que nous faire avancer, aller de l'avant !

« Par contre je déteste les faux amis qui ne sont là que pour faire la fête ou l'ami hypocrite qui dit toujours oui alors qu'il pense le contraire. À contrario j'aime l'ami qui vous met un coup de pied au cul quand on *merde* ! »

Elle m'écoute sans mot dire et moi, tout en lui parlant, je me noie dans le bleu de ses yeux. Du coup je me sens transporté et je continue ma longue thèse sur l'amitié jusqu'à ce que je me rende compte que je suis en train de faire un monologue.

« Désolé **Laëtitia** je me laisse emporter par ma dissertation sur l'amitié et… »

Elle ne me laisse pas finir ma phrase.

« Pas de souci **Jacques**, j'ai beaucoup aimé ce que vous m'avez dit. Puis vos yeux qui brillent quand vous parlez de vos amis montrent que vous êtes un homme passionné… et passionnant à écouter ! »

Voilà maintenant c'est moi qui rougit maintenant…

« C'est gentil **Laëtitia** mais c'est vrai qu'il y a des sujets qui me tiennent à cœur. Et vous alors, racontez moi vos fêtes de fin d'année ! »

« Oh, vous savez, rien de bien extravagant ! Pour Noël je suis retournée chez ma mère dans l'Est. Un réveillon des plus simples avec mes sœurs, leurs maris et leurs 4 enfants puis moi qui suis la *tatie* de **Paris**. Dès les cadeaux donnés nous sommes tous allés nous coucher. Vous voyez, rien de bien extraordinaire. »

Je la sens pudique mais je continue à la presser de questions. Sa vie m'intéresse et j'ai envie et besoin d'en savoir plus sur elle. Elle me parle alors du repas du lendemain chez des amis qu'elle connaît depuis 30 ans avec une tablée comme je les aime, faite de 25 convives. Elle ne manque pas de me parler de tous ses amis qui voudraient la voir mariée.

« Et puis comme tous les ans j'ai droit aux sempiternelles phrases bateaux du style “mais tu es si jolie” etc. S'ils savaient que parfois la beauté peut être un handicap. Mais attention, je ne me plains pas, j'ai de la chance et je le sais ! »

Elle ne me laisse pas le temps de répondre et poursuit.

« Pour le réveillon du nouvel an retour sur **Paris** et je suis allée à une soirée avec ma voisine, une banquière avec qui j'ai sympathisé. C'est sa boîte qui organisait et ça se passait sur une péniche sur les quais de **Seine**. C'était vraiment sympa. Il y avait plein de monde et nous avons dansé jusqu'au petit matin. Voilà pour mes fêtes de fin d'année **Jacques** ! »

« Et à minuit vous n'avez pas croisé le prince charmant **Laëtitia** ? »

« Même pas, il devait être ailleurs ! À **Lorient** peut-être, qui sait… »

Je ne relève pas car finalement je suis un grand timide et nous continuons à parler et à nous ouvrir l'un à l'autre. Elle me confie qu'elle voit passer beaucoup de monde avec son travail, des aventuriers, souvent avec des têtes patibulaires et que régulièrement on l'a invitée à boire un café sans parler de propositions plus directes de certaines personnes.

« Mais vous savez **Jacques**, je n'ai accepté qu'une seule fois à part vous mais pour ma défense il m'avait envoyé un énorme bouquet de fleurs. J'ai pensé que ça pouvait être une bonne personne mais le café a vite tourné court car ce n'était qu'un grossier personnage ! »

« Vous êtes donc sensible aux fleurs **Laëtitia** ? Combien de bouquets pour un diner en votre compagnie ? »

Elle éclate de rire, de ce rire franc et frais qui me touche et qui m'envahit en passant par tous les pores de ma peau.

« Pas besoin de fleurs de votre part pour que j'accepte **Jacques** ! À votre retour pourquoi pas, si vous en avez encore l'envie d'ici là… »

Elle finit sa phrase en affichant son beau sourire. Elle est là, assise face à moi dans cette brasserie et je suis bien car j'aime sa compagnie et j'ai hâte d'en savoir plus sur elle, ses goûts, ses envies, ses espoirs…. mais je ne veux pas me montrer trop pressant. À sa demande nous échangeons nos adresses mails.

« Là-bas vous disposerez d'un portable avec une connexion *Internet* haut débit alors n'hésitez pas à me donner de vos nouvelles, cela me fera plaisir. Et si cela ne vous dérange pas j'aimerais aussi quelques photos car de voir partir tous ces gens alors que je reste clouée ici m'a donné l'envie de voyager moi aussi ! »

« Avec plaisir **Laëtitia** ! »

« Merci **Jacques** mais je dois vous laisser car mon bus ne va pas tarder. À demain matin au bureau ? »

Elle quitte la brasserie et comme à chaque fois je la regarde partir avec un petit pincement au cœur, pincement bien présent que je ne parviens pas à m'expliquer.

De retour à mon hôtel je me fais monter un plateau repas, celui-ci, accompagné par un bon programme a la télévision devrait me suffire pour passer la soirée.

Paris, 09/01/2006 – 12H15

Ce matin je suis passé au siège de la société afin de récupérer mon billet d'avion et prendre les dernières consignes pour la mission.

Je n'ai pas vu M. **Barnett** qui était en déplacement et quelque part ça m'a arrangé puisque j'ai pu à loisir discuter avec **Laëtitia** qui m'a remis une enveloppe avec les derniers documents nécessaires à mon séjour. Avant de la quitter je lui rappelle qu'elle m'a promis un restaurant et je lui demande juste de se méfier des fleuristes… Je quitte le bureau avec son sourire et je file sur les **Champs-Élysées** où j'ai rendez-vous avec **Serge.**

J'arrive tout juste devant le *Planet Hollywood* que je vois **Serge** qui me rejoint. Nous prenons le temps de nous souhaiter une belle année puis nous rejoignons notre table avant d'entrer dans le vif du sujet sans même attendre que nos apéritifs nous soient servis. Il m'annonce que le type que j'ai permis à la *DST* de localiser a été arrêté et qu'il se trouve en détention provisoire.

« En plus **Jacques**, dès ton retour j'aimerais que tu essaies de vadrouiller dans un quartier au sud de

Paris où il semblerait qu'un réseau soit en train de se monter ! »

« Pas de souci **Serge**, tu n'as qu'à me donner tous les éléments et j'en ferai ma priorité ! »

« Au fait **Jacques**, mi-janvier je rejoins ma nouvelle affectation comme attaché culturel dans une ambassade ! »

« Félicitations **Serge**, félicitations mais où ? »

« **Bagdad Jacques**, **Bagdad**… donc si besoins n'hésite pas à me contacter ! »

« Belle nouvelle **Serge**, superbe nouvelle ! »

« Au fait là-bas demande Serge **Poraut**, sécurité oblige ! »

« C'est bien noté **Serge !** »

Nous trinquons pour célébrer ces bonnes nouvelles et nous passons le reste du repas avec plus de légèreté. Nous ne manquons aucun des jupons qui passent sans oublier de dénigrer toutes les personnes qui font l'erreur de passer dans notre champ visuel. C'est bon enfant et ça a le mérite de nous faire rire.

C'est bien là l'essentiel !

Aéroport de Bagdad, 10/01/2006 – 18H30 locales

En franchissant la zone des douanes je vois de suite la pancarte avec mon nom inscrit dessus. Elle est tenue par un homme d'une quarantaine d'année. Petit, très large d'épaule il a un visage taillé à la serpe.

La veille, j'avais quitté **Serge** vers 16 heures. J'aime les moments passés en sa compagnie car c'est un homme de terrain qui ne se livre pas sauf de temps à autre avec moi et je considère ceci comme un privilège. Alors quand hier il a commencé à me parler de lui, de ses inquiétudes sur l'avenir, de son incapacité à rester plus de deux mois avec une femme, je me devais de l'écouter et de le réconforter. Je lui ai donné mon point de vue ce dont il m'a remercié le soir même par un *SMS* des plus simples mais on ne peut plus clair !

Merci pour tout Jacques.

Tout est en ordre et devant moi s'ouvre la dernière barrière qui me fait définitivement rentrer dans

Bagdad. L'homme à la pancarte s'avance vers moi, souriant.

« Bienvenue en **Irak Jacques**. Ça ne te dérange pas qu'on s'appelle par nos prénoms et qu'on se tutoie ? Moi c'est **Grégoire** mais tout le monde m'appelle **Greg** ! »

« Va pour pour le tutoiement **Greg**, moi c'est bien **Jacques** et il n'y a pas plus court ! »

« Parfait ! Allez, suis moi j'ai la bagnole devant ! Pas trop chiant ton voyage ? »

Alors qu'il se penche pour ranger mes bagages dans le coffre de sa voiture j'aperçois la crosse d'un *Glock* qui dépasse de son ceinturon.

« Ah oui **Jacques**, dit il en croisant mon regard, la première chose à faire ici c'est te donner les moyens nécessaires pour travailler à commencer par une arme de poing. Dis moi ce que tu veux et je te le trouve ! »

Nous nous installons dans le 4x4 et il me brosse un rapide portrait de la situation.

« Tu verras, le séjour ici passe très vite ! On n'a pas le temps de s'ennuyer sauf quand le client qu'on se farcit est *casse-couilles*. Mais bon, je te rassure ils se rendent rapidement compte qu'ils ont besoin de nous et ils deviennent vite *cools* ! »

« Pas de souci **Greg**, je ne suis pas là pour m'en faire des amis de toute façon ! »

Ma réponse le fait rire puis il continue.

« Allez, faut qu'on se dépêche car dans une heure c'est le couvre-feu et alors plus le droit de circuler ! »

La nuit est tombée et par la fenêtre du véhicule je découvre une ville que je n'avais vue qu'à la télévision. Mais cette atmosphère je la connais pour l'avoir vécue des dizaines de fois. Ces villes qui essaient de vivre normalement sur fond de guerre avec leurs commerçants qui tiennent boutique mais qui savent qu'à tout moment un obus ou un engin explosif peut péter juste là, à côté d'eux ! Et ces enfants qui jouent dans une rue qui en 5 minutes peut se transformer en champ de bataille. Nous franchissons sans problème plusieurs *check-points* américains même si on sent bien que ces derniers sont sur le qui-vive. Ils ont déjà payé un assez lourd tribu pour une guerre qui finalement ne les regarde pas.

Greg m'explique qu'il en est à son troisième séjour en **Irak**. Après quinze années d'armée effectuées en grande partie au *1er RPIMA* de **Bayonne**, il s'est lancé dans le secteur privé et cela lui plaît. Il me dit habiter à **Hendaye** où se trouvent sa femme et leur fille de 10 ans. Il a trouvé son rythme. Un mois en mission, un mois chez lui quand parfois il ne s'en accorde pas deux de repos.

Arrivés à l'hôtel *Sultan Palace* sur la **place Al Tahanial** et je suis étonné de voir que ce dernier est d'un certain standing.

« Je te laisse monter pour t'installer **Jacques**. Je te retrouve dans une demi-heure dans la salle de réunion n°2. Je te présenterai au reste de l'équipe et on travaillera sur la préparation des missions pour les jours à venir ! »

« À tout de suite **Greg** ! »

Arrivé dans ma chambre je jette ma valise et mon sac sur le lit, direction la salle de bains pour un petit rafraichissement mérité. Par le fenêtre j'observe la ville, cette ville qui a été le centre du monde pendant des mois à cause d'une actualité brulante. Ville du dictateur **Saddam Hussein** où toutes les télévisions du monde sont venues à un moment ou un autre.

Dix minutes plus tard je pénètre dans le salon que m'a désigné **Greg**. Je l'y retrouve avec trois autres personnes. Sans plus attendre **Greg** attaque.

« Ah t'es là **Jacques**, on va pouvoir commencer plus tôt ! Je te présente **Sylvain**, **Thierry** et **Pierre**. Ils travaillent pour la même boîte que nous. Ouvrez bien vos esgourdes car je n'aime pas répéter. Toutes les escortes se font à deux. Si l'on a un seul client sur le territoire la deuxième équipe est en veille radio durant toute l'opération et doit être en mesure d'intervenir dans les cinq minutes. »

Il marque une pause pour déceler d'éventuelles questions avant de reprendre.

« Tous les déplacements sont reconnus la veille par les deux équipcs, je dis bien les deux équipes ! Pour chaque déplacement il vous faudra prévoir au minimum trois itinéraires et sur ces derniers au moins trois points de *raccro*. Tous nos déplacements sont donnés la veille à l'état-major américain et une copie au poste de police local. Quant aux déplacements en dehors de **Bagdad**, prévoir un préavis de 48 heures et une demande d'escorte par l'armée américaine. Pas de déplacement de nuit. »

Il se racle la gorge et en profite pour un nouveau tour d'horizon.

« Tous les véhicules, pleins faits pour chaque mission, doivent être équipés d'un *GPS*, d'une balise de localisation type balise *Argos* et de 24 heures de vivres et d'eau, d'une trousse de premier secours, d'un téléphone satellite et de deux postes radio. Tout ce matériel devra être retiré des véhicules tous les soirs. »

Il poursuit son long monologue en désignant pour le lendemain **Sylvain** pour m'accompagner et faire le tour de la ville. Mission ? Me présenter les points tenus par les américains, les quartiers à éviter et les différents points de *raccro* déjà planifiés avec les miliaires. **Greg** en profite pour se poser comme le responsable exclusif des relations avec l'armée américaine et la police locale, et de facto le seul à pouvoir demander une escorte ou signaler un déplacement dans la ville.

« Dernière chose, j'aime bien faire tourner les équipes surtout qu'on a des départ échelonnés. Ça permet à chacun de connaître la manière de travailler de l'autre et cela évite de tomber dans une routine. Donc chaque matin vous aurez à l'affichage les équipes pour le lendemain… »

Une ultime pose et il finit.

« Y-a-t-il des questions ? Non ? Et bien je propose qu'on passe au bar pour fêter l'arrivée de **Jacques** ! »

Ce petit briefing m'a permis de voir que **Greg** semble être un professionnel. Ses manières de planifier les missions me plaisent. Reste à voir sur le terrain maintenant… Avant que nous ne rejoignions le bar **Sylvain** me demande de le suivre cinq minutes. Il me conduit dans sa chambre et sort une mallette de l'armoire. À l'intérieur se trouvent un *Glock17*, un *P22*, un *Beretta 92F* et un *CZ83*.

Il me demande d'en choisir un et sans hésiter je choisis le *Glock17*. J'aime particulièrement cette petite arme de poing, très compact et très légère (moins de 700 grammes à vide) de calibre 9 millimètres, avec possibilité de chargeurs de 10 à17 voire plus. De plus c'est une arme amphibie. Il me fournit également un holster de ceinture, deux chargeurs à 17 et un porte-chargeurs ainsi que 05 boîtes de 25 cartouches. C'est bon je suis paré ! Je suis prêt à quitter la chambre quand **Sylvain** m'arrête.

« Hey **Jacques**, où tu vas ? C'est pas fini ! »

En effet ce n'est pas fini. Il sort en effet une seconde valise et il me met dans les mains un fusil d'assaut *Heckler et Koch HK MP5* avec deux chargeurs gréés à 20. Un matériel tout à fait adapté pour extraire une personne qu'on protège d'une zone de tir. Il finit la distribution en me donnant mon poste radio avec deux accus de rechange, un chargeur et deux discréteurs. Trois grenades fumigènes viennent compléter ma panoplie avec, cerise sur le gâteau, un gilet pare-balles qui plus est à ma taille. Ok c'est un gilet police qui ne pourra rien ou sera pour sûr moins efficace contre les calibres d'armes de guerre mais c'est mieux que rien.

« Voilà **Jacques** tu es équipé pour demain ! Va mettre tout ça dans ta chambre, dans une valise et le tout dans l'armoire dont tu garderas la clé sur toi ! Allez fais vite et rejoins nous au bar ! »

Il ne me faut pas plus de cinq minutes pour les retrouver au bar de l'hôtel où il n'y a presque que des occidentaux. Beaucoup de journalistes je pense et bien sûr quelques militaires américains sont là également. Je commande une bière et je suis surpris du choix qu'il y a. J'opte pour une *Heineken*, comme à la maison ! Nous profitons de cette soirée pour apprendre à mieux nous connaître.

Sylvain est un ancien policier qui a travaillé au sein des *BAC (brigade anti-criminalité)* de **Marseille** et de la **Seyne-sur-Mer**. Il ne lui aura fallu que dix ans pour trouver le travail monotone avant d'opter pour un poste dans la sécurité internationale. Il a déjà fait un séjour en **Irak** et finit celui-ci dans dix jours pour repartir un mois plus tard pour le **Nigeria** afin de travailler dans la sécurité sur une plate forme pétrolière.

Pierre est un ancien fusilier-marin. Il n'a jamais réussi à passer le stage commando et plutôt que de végéter au sein de la *marine nationale* il a décidé de travailler aux quatre coins du monde. Et pour ça quoi de mieux que la sécurité ? À 28 ans c'est le benjamin du groupe.

Quant à **Thierry** il est semble-t-il le bout en train de l'équipe. Ancien gendarme il a fait dix ans en gendarmerie mobile puis cinq autres années au sein du *GSPR (groupe de sécurité et de protection du président de la république)*. Il est marié, père de deux enfants et il a décider de travailler deux mois sur douze à l'étranger. Le reste du temps il vit de ses rentes et s'occupe de sa famille. J'aime assez sa philosophie de vie.

Le groupe semble sain et l'ambiance excellente. À moi maintenant de me fondre dans le moule et d'apporter ma pierre à l'édifice. Le diner est très bon et les plaisanteries fusent tout le long du repas. Même moi, à peine arrivé, j'ai droit à mon bizutage puisque qu'ils me font demander du pain et une carafe d'eau à une femme d'une quarantaine d'années, manifestement une locale et qui d'après eux faisaient le service de salle… alors qu'en réalité c'était une journaliste de la télévision *al jazeera*. Heureusement que cette dernière a un bon sens de l'humour ! Vers 22H50 je prends congé de tout ce beau monde et je monte prendre une douche avant de me mettre au lit. Demain la première journée de ma nouvelle aventure commence et je me dois d'être en forme.

Instinctivement j'ai bloqué ma porte d'entrée et j'ai mis le *Glock* chargé sur la table de nuit. Les habitudes prises durant mes séjours dans les pays en guerre sont bien là ! Oui, c'est clair, je ne suis plus à **Larmor plage** face à l'**Océan Atlantique** !

Bagdad, 25/01/2006 – 11h10

Je suis sur la route de **Najaf** avec **Nathan** qui a remplacé **Sylvain** parti il y a cinq jours. C'est un ancien légionnaire du *2ème REP*. Très calme et très posé mais manquant encore d'expérience au niveau de l'escorte et de la protection de personnalité il est volontaire et ne demande qu'à apprendre. C'est un bon point pour lui.

Notre mission de ce matin consiste en l'escorte d'un employé de chez *Total* qui doit aller reconnaître un futur emplacement de puits de pétrole. **Nathan** et moi-même sommes aux aguets même si devant nous roule un *hummer* de l'armée américaine qui nous ouvre la route.

Depuis quinze jours, ces escortes, les reconnaissances d'itinéraires et les prises en charge de clients à l'aéroport constituent mon quotidien. Les journées sont bien remplies et heureusement qu'il y a le couvre-feu qui nous laisse du temps tous les soirs à partir de 20 heures. J'en profite pour, dès mon retour à l'hôtel, faire une heure de sport dans la salle bien équipée de l'hôtel. Le reste est devenu un rituel avec une bonne douche et dîner vers 21H30 avec le reste du groupe. Puis vers 23 heures je file dans la salle ou se trouvent deux *PC* avec la connection *Internet* afin d'y consulter ma boîte mail. On m'a bien remis un portable comme me l'avait dit **Laëtitia** mais le *Wifi* est *HS* depuis mon arrivée.

Internet est une formidable invention car tous les jours j'ai des nouvelles de mes amis en **France** mais j'attends surtout ce moment de la journée avec impatience car ce sont les messages de Laëtitia que je découvre tous les jours avec le même plaisir. En effet, depuis mon départ je reçois un mail d'elle chaque jour. Du coup il s'est instauré une correspondance entre nous qui nous donne l'occasion de mieux nous connaître… via le *Net*. Vive le progrès !

J'apprend beaucoup d'elle. Elle aime la nature, me confie que de vivre à **Paris** est très dur pour elle mais voilà, le travail c'est là qu'il se trouve. Elle y a un cercle d'amis très restreint et ne sort que très peu. Je sens bien au travers de ses histoires qu'elle a quelque chose au fond d'elle qui a du mal à sortir et j'ai bien compris aussi qu'elle ne croit plus au prince charmant. Du moins pas celui des comtes ou celui que les petites filles attendent. Je la sens blasée en amour. Du côté de sa famille, elle ne la voit que trop rarement à raison de quatre à cinq fois par an, c'est tout. Elle aime courir et monter à cheval, une passion qu'elle exerce depuis plus de dix ans.

De mon côté je lui ai raconté mon parcours personnel. Finalement la pudeur supporte bien la protection d'un écran. Rares sont ceux qui savent que je suis parti de chez moi très tôt pour une carrière dans l'armée et connaisse le drame qui m'a touché mais aussi ce besoin de respirer que j'éprouve aujourd'hui. Je lui dis beaucoup et lui avoue que nos échanges me procurent une bouffée d'oxygène qui me fait du bien au corps et au cœur.

En plus de ces correspondances quotidiennes qui me font tant de bien j'ai plaisir à apprendre que, comme prévu, **Serge** est arrivé dans le pays voici peu. Dès qu'il a un peu de temps libre il passe me voir à l'hôtel et j'ai beau m'entendre avec les gars du groupe ça me fait du bien de l'avoir ici près de moi. D'accord, le contexte est différent et ici je ne suis qu'une sorte de mercenaire et non plus un soldat des forces spéciales françaises mais ça ne change rien à notre relation car il sait que je suis toujours le même.

Je suis sorti de mes pensées car le convoi s'est arrêté. Je sors du véhicule, arme à la main. Un tour d'horizon rapide, tout m'a l'air calme et je tire sur la sangle de mon *HK MP5* afin que ce dernier se trouve dans mon dos entre la chemise et mon tee shirt. Je remets mon *Glock* dans son holster et je fais sortir notre client. Avec **Nathan** nous nous déplaçons en adoptant une formation prévue et mécanisée. **Nathan** placé sur l'avant gauche s'occupe du danger potentiel qui viendrait de l'avant et du côté gauche alors que moi-même, positionné sur l'arrière droit, j'assure la sécurité arrière et le flanc droit. Nous sommes ainsi parés à une riposte sur *360°*. Nous avons travaillé ces scénarii plusieurs fois durant nos temps libres à l'hôtel.

La visite du chantier se passe bien, la présence d'une équipe de l'armée américaine nous amène un plus évident en matière de sécurité et toutes les demi-heures nous rendons compte par téléphone de la situation à **Greg** qui est resté à l'hôtel avec l'équipe deux en alerte. A 15 heures 30, mission finie, nous sommes de retour à l'hôtel où le client rejoint la salle de restaurant pendant que nous offrons un verre à l'équipe de l'armée américaine qui nous a escortés.

J'aime bien échanger avec les militaires de l'armée américaine. On sent chez eux une certaine lassitude, une impression de participer à une guerre qu'ils ne voulaient pas mais ils restent très *pros*. Beaucoup sont père de famille et je lis souvent dans leurs yeux le manque des leurs. Je les comprends car j'ai connu ce sentiment, je sais qu'il est fort et que parfois il peut nous desservir, surtout sur des théâtres d'opération comme celui-ci.

Ici nous sommes un peu en sécurité et l'ambiance est détendue. C'est vrai qu'hier encore une de leurs patrouilles a été la cible d'une attaque d'un illuminé armé d'un *cocktail Molotov*. Résultat : l'assaillant est mort mais on compte également un blessé dans les rangs américains. La liste commence à être longue et on sent que si le gouvernement décidait de rapatrier dans l'heure tous ses soldats il n'y aurait pas beaucoup de déçus dans leurs rangs. Mais la vie de militaire n'est en aucun cas une vie de choix personnels mais d'ordres exécutés sans discuter.

Ce soir nous nous faisons servir des sandwiches au bar de l'hôtel. Nous les partageons avec les américains et ce repas sur le pouce accompagné de bières bien fraiches est pour eux un moment de quiétude dans cette *tempête de merde* que représente pour eux ce séjour en **Irak**.

Hôtel Sultan Palace, 02/02/2006 – 08H20

Tout le monde est énervé ce matin, la tension est palpable car notre client du jour, un industriel spécialiste des liaisons satellites, veut se rendre au nord d'**Amarah** !

Amarah est une ville de 75000 habitants située dans le Sud-Est du pays et l'intéressé veut s'y rendre afin de vérifier si l'endroit prévu pour l'installation d'un relais satellite est le bon et qu'il correspond bien aux critères exigés pour le bon fonctionnement de ce dernier. Le problème est que nous n'avons pas eu le temps de prévenir l'armée américaine et que cette ville se trouve à plus de 300 kms de **Bagdad**. Vu l'état des routes, que dis-je des pistes, ça risque d'être difficile de faire l'aller retour dans la journée… et rester dehors n'est, ici, pas conseillé ! Mais voilà, nous recevons un appel du siège qui nous demande d'organiser ce voyage coûte que coûte et sans délai. L'homme en question semble avoir un réseau d'influence important…

Greg prévient quand même le américains qui nous demandent de les tenir informer de notre progression et qu'en cas de problème nous devons nous arrêter au premier *check-point* sur notre itinéraire.

09 heures, le convoi constitué de 2 véhicules s'ébranle. Dans le premier se trouvent **Greg** et **Pierre** alors que Nathan et moi-même sommes dans le second avec le client. **Thierry** est rentré en **France** depuis deux jours et nous attendons l'arrivée de son remplaçant pour demain. Nous franchissons les cents premiers kilomètres sans encombre et nous rencontrons souvent des patrouilles de l'armée américaine mais au fur et à mesure que nous descendons dans le Sud, les rencontres se font plus rares.

Vers midi nous nous arrêtons sous trois arbres défraîchis en plein désert pour un repas sur le pouce. L'hôtel nous a gâtés en nous préparant un panier pique-nique digne des meilleurs traiteurs français. En pleine dégustation nous apercevons une colonne de fumée qui se dirige droit sur nous. Instinctivement les gars du groupe vérifient leurs armes en même temps que les conducteurs remettent les moteurs des véhicules en marche, parés à partir au plus vite. Nous nous positionnons de manière à pouvoir nous couvrir mutuellement, client au centre du dispositif, coincé et ainsi protégé entre les véhicules.

Trois minutes plus tard ce sont quatre voitures qui arrivent et se positionnent de telle manière qu'ils nous bloquent ! Rapidement une dizaine d'hommes armés de *Kalachnikov* et autres *M16* en descendent et sans mot dire nous entourent. Leur chef s'adresse à notre groupe en arabe et mon séjour en **Arabie Saoudite** m'est d'un grand secours.

« Vous êtes américains ? Que faites vous ici ? »

Naturellement je lui réponds que non et il semble apprécier les formules de politesse typiquement orientales que je lui sers. **Greg** prend le relais dans un arabe parfait.

« Non, nous sommes français et que nous rendons à **Amarah** ! »

« Pour y faire quoi ? Si vous n'êtes pas américains vous êtes alors des mercenaires à la solde des américains ? »

Le ton est monté mais Greg reste calme pour répondre au chef du groupe.

« Non pas du tout, au contraire, nous sommes français et allons à **Amarah** pour aider l'économie de votre pays ! »

Je suis avec intérêt cette conversation que je comprends suffisamment et alors que je regarde rapidement notre client je me rends compte que ce dernier sanglote et tremble de tous ses membres, ce qui n'a pas échappé à nos visiteurs…

« Alors pourquoi tremble-t-il comme ça votre ami ? »

« C'est l'un des nôtres, un ingénieur et vous lui faites peur. C'est tout. »

Ce à quoi le chef nous assène une réponse qui naturellement nous met sur nos gardes.

« Vous allez nous suivre, vous êtes nos invités ! »

« Merci mais désolé nous sommes pressés et nous devons impérativement être avant ce soir de retour à **Bagdad**. »

« Vous ne m'avez pas compris… vous allez nous suivre car je suis certain que vous n'êtes pas qui vous dites être ! »

Greg, toujours aussi calme, ne se démonte pas.

« Bon écoutez moi monsieur. Sauf si vous faites partie de la police officielle irakienne je n'ai aucune obligation de vous suivre et je vous remercie de nous laisser poursuivre notre route ! »

Poli mais ferme **Greg** reçoit pour toute réponse une rafale de *Kalachnikov*… Notre riposte est immédiate, brève mais puissante et l'effet de surprise a joué en notre faveur grâce à **Nathan** qui a utilisé son *HK MP5* dès les premiers échanges. Avant même d'atteindre le sol j'avais fait mouche, en plein cœur, sur deux de nos assaillants. Dix secondes qui nous ont parues des heures ont suffi pour mettre en déroute nos ravisseurs potentiels qui, surpris par notre réaction, ont rapidement battu en retraite.

Zone sécurisée nous faisons le point. **Greg** est au sol, la rafale l'a atteint au ventre et malgré son pare-balles il a une sale blessure. Notre client quant à lui est sain et sauf, couché au sol sans ménagement par **Pierre**. En le protégeant de son corps **Pierre** a reçu une balle dans le bras droit et une belle estafilade le long du crâne… sur ce coup là il a eu chaud et à un millimètre près il y passait. **Nathan** et moi n'avons rien. Du côté des assaillants le bilan est moins sympathique. Le chef et quatre autres se trouvent au sol, tous morts !

L'effet de surprise a fonctionné. Persuadés qu'ils avaient à faire à des civils sans armes ils sont donc restés en grappe autour de leur chef nous offrant ainsi une cible de belle taille. Nos gestes réflexes nous ont sauvé la vie même si deux d'entre nous sont blessés. Sans même parler nous gérons **Greg**. Avec **Nathan** nous l'installons tant bien que mal sur le siège arrière, cuisses fléchies et surélevées alors que **Pierre**, de son bras valide, maintient un point de compression avec un pansement. Notre client prend le relais et je peux alors prendre soin de **Pierre** avant de l'installer sur le siège passager. **Nathan** au volant nous abandonnons le second véhicule après avoir récupéré tout matériel sensible mais aussi les vivres.

Tout s'enchaîne, **Nathan** fait route sur le dernier *check-point* américain qui se trouve à 35 kms plus au Nord de notre position alors que j'installe une perfusion à **Greg.** La tâche n'est pas facile en raison des secousses qui le font hurler de douleur. Je n'ai pas d'autre choix que de lui administrer une piqûre de morphine. Ça le calme rapidement et il est rassuré car **Nathan** vient par radio de demander un hélicoptère médicalisé et qu'un médecin nous attendent à destination.

Je ne cesse de parler à **Greg**, il ne faut pas qu'il s'endorme. Ça peut paraître incongru mais je lui parle de tout, de femmes, de cette jolie brune que nous avons vue hier au soir à l'hôtel et qui nous a fait rêver mais aussi de l'avenir, de son avenir, du nôtre… tout porte vers l'espoir seule chance d'avoir envie de vivre ! Il serre les dents, c'est bon signe, il se bat et je sais qu'il ne lâchera pas comme ça. Il essaie de me répondre. Je vois ses lèvres qui bougent mais il est faible alors j'approche mon oreille et j'entends ces mots sortir, faibles, venant du plus profond de son être.

« Putain **Jacques**, je sais que je vais crever. J'ai même plus mal, je ne sens plus rien. Je me suis battu toute ma vie. Quinze ans offert à la **France** et depuis, comme un con, pour de l'argent et juste pour que ma petite **Émilie** ait ce qu'il faut plus tard… »

Il s'arrête, épuisé, avant de reprendre dans un effort que je comprends violent.

« **Jacques**, fais chier ! Je ne la verrais pas grandir. Elle a dix ans alors je t'en supplie va les voir à **Hendaye** et dis leur juste que je les aime et demande à ma fille de me pardonner de lui avoir menti en lui disant que je rentrais bientôt. »

Il pleure et j'ai bien du mal à ne pas craquer. Je le serre contre moi en espérant lui donner un peu de ma force. Il continue à me parler comme son messager divin.

« Pas de ma faute… je voulais rentrer, la voir, la serrer dans mes bras. Et surtout dis à ma femme qu'elle m'a rendu heureux et qu'elle a su faire de moi un homme comblé et qu'elle continue à vivre, bordel, je veux qu'elle vive heureuse ! »

Il s'arrête de parler et pose sa tête sur mon épaule. Il râle plus qu'il ne souffle et je sens que la main qu'il me donne devient faiblc. Alors je la serre encore plus fort, juste envie de lui donner de moi, je sais que c'est pure utopie… J'ai la gorge sèche, les yeux qui piquent et l'envie de crier ma haine, cette haine tellement présente au fond de moi, encore et toujours !

« **Jacques** n'oublies pas d'aller embrasser mes parents. Demandes leur pardon de tous les soucis que je leur ai donnés et dis leur que je les aime et qu'ils ont été mes modèles. Dis leur à tous que d'où je serais je continuerais à veiller sur eux, je vous aime… »

Cette dernière phrase il l'a dite dans un souffle que j'ai cru être son dernier mais il respire encore. Juste la morphine qui fait son effet et ça me rassure, connement, car il semble serein et apaisé.

Trois quarts d'heure plus tard qui m'ont semblé une éternité nous arrivons en vue du *check-point*. Nous sommes attendus et un médecin militaire se précipite. Je comprends à sa grimace que **Greg** est salement touché même si quelque part je l'avais déjà compris. Après avoir ausculté **Greg** le doc se tourne vers moi.

« Grosse hémorragie interne. pour votre ami ! Ici je n'ai rien pour intervenir mais l'hélicoptère devrait être là rapidement pour le transférer à l'hôpital de **Bagdad**. Mais ne vous faites pas d'illusion… »

Sa dernière phrase m'assomme alors que le bruit caractéristique d'un *UH-60 Blackhawk* vient nous apporter une lueur de faux espoir. En moins de deux minutes il repart avec à son bord **Greg** mais aussi **Pierre** et notre client !

L'émotion est vite remplacée par la réalité et avec **Nathan** nous nous rendons dans le bureau de l'officier responsable afin de rendre compte des détails et des circonstances dans lesquelles se sont déroulés les faits. Après plus d'une heure d'interrogatoire nous reprenons la route de **Bagdad**, escorté cette fois-ci par un véhicule de l'armée américaine. Nous ne parlons pas beaucoup, la tension à bord du véhicule est palpable.

Une nouvelle fois je suis confronté à la mort…

D'abord ces deux hommes que j'ai tués de sang froid, même si en état de légitime défense, sans parler d'autres que j'ai peut-être touchés mais dans ces cas là on ne sait pas toujours si on a fait mouche ou pas… Il n'y a finalement que dans les films où les gens tuent sans avoir d'état d'âme ! Là je sais que j'ai enlevé la vie et qu'en appuyant sur ma détente j'ai arrêté à tout le moins l'histoire de deux existences. Deux vies d'hommes qui avaient leurs convictions, qui y croyaient tellement fort qu'ils en avaient fait leur raison de vivre jusqu'à, aujourd'hui, en mourir.

Je ne sais rien de ces hommes. Peut être, sûrement même que dans quelques heures une femme, des femmes et des enfants vont les pleurer et que des amis ont perdu un des leurs. Mais voilà, dans ces instants il n'y pas de calcul à faire, c'étaient eux ou moi et mes années d'entraînement et de *drill* ont fait basculer la balance dans mon camp.

Durant ma carrière dans l'armée j'ai sans doute fait des veuves et des orphelins. **Dieu** seul le sait mais au combat le vrai face à face ultime ce n'est pas comme au stand de tir. On ne va pas au résultat ! Alors j'évite d'y penser mais jamais au grand jamais je ne m'en glorifie et comme tous mes camarades on essaie de se rassurer qu'on a toujours agi dans le cadre de la légitime défense pour se défendre soi-même ou notre groupe mais aussi et souvent pour défendre des innocents, victimes potentielles. Je n'en suis pas fier mais je ne regrette rien !

Je suis perdu dans mes pensées alors que la piste défile sous mes yeux. Je suis là, dans un pays qui n'est pas le mien, mêlé à une guerre qui n'est pas la mienne et où j'ai tué ces soldat de **Dieu**… qui combattaient pour leur drapeau, celui de la religion.

Nous arrivons à l'hôtel peu de temps après le couvre-feu. **Serge** nous y attend accompagné d'un membre de l'ambassade de **France**. C'est **Serge** et son visage fermé ne me dit rien qui vaille…

« **Jacques, Greg** est mort durant son transfert en *hélico…* »

Un long silence suit. Je le savais bien que **Greg** ne ferait pas le voyage mais au fond de nous on fait toujours tout pour y croire, pour espérer et on se raccroche à une hypothétique bonne étoile… rarement présente en de telles circonstances ! **Serge** nous apprend également que les corps retrouvés sur place ont été identifiés. Il s'agissait bien de fidèles de **Saddam Hussein**. Cette équipe était recherchée par les américains qui offraient d'ailleurs une forte récompense pour leur capture, mort ou vif. Je profite de cette précision pour prendre **Serge** par le bras afin de l'isoler.

« J'ai besoin d'un service **Serge** ! »

« Vas-y **Jacques**, demande et je ferais mon possible… »

« J'aimerais bien que tu t'arranges pour que les américains apprennent que c'est **Greg** qui les a tués… »

Il ne me laisse pas finir. Son regard simplement planté dans le mien je sais qu'il a compris !

L'ambiance est morose et nous sommes heureux de voir **Pierre** revenir de l'hôpital. Par chance il n'a rien de grave et sa blessure n'a nécessité que deux sutures aux points d'entrée et de sortie de la balle. Il porte aussi un pansement à la tête qui nous rappelle à tous qu'il n'est pas passé loin… **Serge** passe la soirée avec nous et à ses regards appuyés et son besoin de constamment me toucher l'épaule je comprends qu'il est heureux de m'avoir à ses côtés, vivant et indemne.

En qualité de plus ancien du groupe **Pierre** prend naturellement la place de **Greg** et se charge d'informer le siège. Dès qu'il a raccroché il nous apprend que M. **Barnett** avait compris après avoir entendu aux infos qu'un groupe de français avait été accroché dans le Sud de l'**Irak**. Décidément les nouvelles vont vite… les mauvaises encore plus que les bonnes et je me précipite pour envoyer un mail à mes proches afin de les rassurer… sans oublier **Laëtitia** !

Brasserie Lutétia, Paris le 12/02/2006 – 12H30

Je suis rentré d'**Irak** la veille. La fin du séjour a été assez pesante malgré la venue de deux remplaçants, l'un pour **Thierry** et le second pour **Greg**. Les deux nouveaux ont pourtant tout fait pour apporter de la fraîcheur et un nouvel enthousiasme dans le groupe mais pour **Nathan**, **Pierre** et moi la fin de mission avait un goût amer et nous avions hâte qu'elle se termine.

Les escortes succédaient aux escortes et il semble que la mort d'un homme ne ralentisse pas le besoin qu'ont les industriels à décrocher de nouveaux marchés. Je ne vais pas les en blâmer, chacun son job…

Deux jours après la mort de **Greg** nous avons repris exactement la même piste, accompagné cette fois-ci par des militaires américains, afin d'amener notre client (toujours le même) à destination. Ce fût une journée rude et pénible, surtout à l'approche de l'endroit où **Greg** est tombé mais nous l'avons fait et le soir, de retour à l'hôtel et accompagnés par **Serge**, nous avons décompressé et, je dois l'avouer, l'abus de *whisky* a parfois du bon….

J'en suis là de mes pensées quand **Laëtitia** me rejoint pour ce repas promis de longue date. J'ai du mal à parler, à entamer une conversation et je me contente de plonger mes yeux dans les siens. Sa présence me fait du bien après ce mois passé à côtoyer la misère, la guerre et à donner la mort pour ne pas être tué. Très, trop peu de repos à être sans cesse réveillé par un bombardement plus ou moins lointain. Un mois d'une vie tellement prenante, en pleine actualité mais aussi tellement usante aussi bien moralement que nerveusement.

Et là, aujourd'hui, je me retrouve dans cette brasserie facc à celle qui m'a accompagné de ses messages quotidiens et j'ai juste envie de fermer les yeux et de sentir son regard sur moi telle une couverture me protégeant de ce monde extérieur.

J'écoute le son de sa voix qui me raconte comment ici tout a été vécu à l'agence et l'état de crise qui a suivi la mort de **Greg**. Le rapatriement du corps, ses obsèques à **Hendaye** et le chagrin terrible de sa femme, de sa fille et de ses parents. Elle m'apprend aussi que les démarches sont en route pour que les primes promises par les américains soient versées à la famille de **Greg**… je suis soulagé. C'est sûr que ça ne le fera pas revenir mais ça permettra à son épouse et à sa fille de ne pas se poser de questions pour leur avenir proche.

Mais le plus important dans ce qu'elle me dit et que je sens derrière ses mots est qu'elle était inquiète et que mon mail du soir de l'accrochage lui a fait un bien fou. Ses yeux sont embués et ça me touche de sentir son inquiétude. Cette inquiétude que seule les vrais amis éprouvent et qui exprime que l'on compte pour les autres. Une des meilleures prescriptions contre la mélancolie et le mal être. Plus le repas avance et plus je me détends. Je commence à lui raconter mes journées et notre discussion prend un tour plus léger. Nous rions de bon cœur. Alors que le repas tire à sa fin elle me demande ce que sont mes projets à venir.

« Retour pour quelques jours en **Bretagne** et profiter de mes amis puis revenir sur **Paris** pour finaliser… »

Elle ne me laisse pas finir ma phrase.

« N'oublies pas à ton prochain passage que je te dois, moi aussi, un petit repas ! Vas-y continue je t'ai coupé. »

« Puis il me faut aller à **Hendaye** car j'ai promis à **Greg** que je passerais voir sa femme et sa fille, alors je me dois de le faire. Ensuite je ne sais pas trop, peut être repartir pour un deuxième séjour là-bas. Je verrais. »

Elle sourit, on dirait une enfant.

« Pourquoi souriez-vous **Laëtitia** ? »

« Vous n'avez même pas remarqué que je vous ai tutoyé et en plus sans votre autorisation ! »

Je ne peux que sourire et lui avouer que je n'attendais que la sienne, d'autorisation, pour la tutoyer également. En sortant du restaurant je l'accompagne jusqu'à sa station de métro.

« Je dois prendre le train ce soir **Laëtitia** mais je t'appelle dès que je remonte sur **Paris**. J'ai adoré passé ce moment avec toi. »

« Idem **Jacques** et merci pour l'invitation. N'hésites pas à m'appeler. Tu ne me déranges absolument, pas bien au contraire. »

Au moment de la quitter j'ai comme une envie folle de la serrer dans mes bras mais au fond de moi quelque chose me retient. Je n'y arrive pas et pourtant, à sa manière de m'embrasser, je sais qu'elle ne se refuserait pas, bien au contraire !

Lorient, 15/02/2006 – 10H

Je suis dans le magasin de **Charlie**. Pour ne pas changer *môssieur* râle au prétexte que je viens de refuser son offre de prendre avec lui un magasin en gérance. J'ai beau lui expliquer que je me vois mal pour l'instant avec un travail sédentaire mais il ne veut pas lâcher le morceau et répète à qui veut l'entendre que je suis obtus et que je ne n'en fais qu'à ma tête !

Je le laisse dire. **Charlie** veut me voir heureux, avec un travail stable, équilibré pour que je puisse reconstruire ma vie. Il sait pourtant, au fond de lui, que je ne suis pas encore prêt à franchir le pas. Peut être qu'un jour viendra où.... mais en attendant j'ai trop de choses encore au fond de moi qui me brûlent. Les auteurs de l'attentat du **Louvre** n'ont toujours pas été arrêtés même si l'on sait qui l'a commandité mais toujours pas qui a déposé ces foutus colis piégés.

Hier, avant mon repas avec **Laëtitia**, j'ai revu **Serge** qui fait des aller-retours incessant entre **Bagdad** et **Paris** en même temps que les *valises diplomatiques*. Il m'a confirmé que la *DST* attendait avec impatience que je reprenne mes virées dans les quartiers où l'islamisme radical gronde. Il m'apprend aussi que j'aurais des moyens plus professionnels et un soutien direct de la *DST* par son intermédiaire bien sûr. J'ai d'ailleurs arrêté de me raser et d'ici peu je pourrais ainsi me fondre dans cette population sans attirer leur attention.

En attendant je suis toujours avec **Charlie** qui cherche en **Guy**, de passage au magasin, un soutien pour son entreprise de sédentarisation.

« P'pa laisse donc **Jacques** tranquille ! Il va bien trouver sa voie, tu verras. C'est un grand garçon qui va savoir se retourner et rebondir dans le civil.. »

Charlie devient rouge et s'emporte.

« M'enfin **Guy** tu dis n'importe quoi ! On est là pour le conseiller et on ne va pas le laisser aller droit dans le mur sans rien faire non ? »

Cette dernière remarque nous fait éclater de rire avec **Guy** et **Charlie** ne peut pas faire autrement que de se rendre compte du ridicule de la situation. Il rit avec nous !

« Vous faites chier tous les deux, vous êtes deux gros cons ! »

Il n'est pas crédible dans cette colère forcée d'autant plus que **Guy** est passé à tout autre chose en nous parlant de stages de pilotage qu'une de ses sociétés a mis sur pied au **Mans** !

Décidément ce jeune m'impressionne !

J'aime me retrouver dans cette ambiance, c'est du **Pagnol** à l'état pur avec **Charlie**, marseillais d'origine, dans le rôle principal. *Égaré* en **Bretagne** il me fait penser à **Raimu** dans *Marius* et plus il crie fort et plus il y a d'amour qui sort de sa bouche. Comme à chacun de mes passages ici je n'ai quasiment pas de temps pour moi. Je suis invité matin, midi et soir mais je ne m'en plains pas, ça fait du bien. Je laisse **Charlie** continuer sa discussion avec **Guy** et je vais retrouver **Caroline** dans la réserve. J'ai besoin de me confier et pour certains trucs je sais que *maman* va être de bon conseil. Après avoir échangé deux trois banalités elle comprend que je tourne autour du pot.

« Toi mon **Jacques** tu as fait une rencontre et tu ne sais pas quoi faire. Allez **Jacques** dis moi comment elle s'appelle ! »

« Hey *maman* attend, y a rien pour l'instant et ne va pas te faire des idées. J'ai juste rencontré une femme avec qui j'ai bu un verre ou deux, un point c'est tout ! »

« Mais je n'ai rien dit **Jacques** et je ne me fais aucune idée. Je dis juste que tu n'es pas pareil et que je sens qu'il y a un truc de changé… »

« Oui c'est vrai, j'aime bien sa compagnie, j'aime la regarder rire, sourire, j'aime sa manière d'être… »

« Oh toi… tu es amoureux ? »

Elle a accompagné sa remarque d'une tape sur la joue et surpris je me mets à rougir ? Instinctivement je me mets sur la défensive.

« Non je t'assure **Caroline** on ne peut pas dire que je suis amoureux. C'est vrai que je suis bien avec elle mais de là à dire que je suis amoureux c'est un peu fort et puis c'est trop tôt, cela ne serait pas correct… »

Elle s'arrête de travailler puis se campe devant moi, mains aux hanches, toute colère.

« Et pas correct vis-à-vis de qui ? De **Katia** ? De **Paul** ? Mais mon pauvre, de là où ils sont ils n'ont qu'un seul but c'est de te savoir heureux plutôt que de te voir te morfondre et ça tu ne l'as toujours pas compris ou du moins pas encore accepté ! »

Je suis sonné. J'avais besoin d'entendre ces paroles et **Caroline** sait souvent trouver les mots justes. Elle ne met pas de gants et dit toujours ce qu'elle pense.

« Merci *maman* mais il faut que j'y aille ! »

« Mais oui c'est ça et surtout ne répond pas et noie bien le poisson ! Allez file mon fils… »

Elle repart en magasin en éclatant de rire et ne manque pas de me faire un clin d'œil, certainement pour me rassurer… et ça marche ! Maintenant que je me suis ouvert à elle je sais qu'à un prochain repas la discussion va déraper délicatement sur le sujet. Je n'ai pas fini d'en entendre parler de cette histoire et au fond ce n'est pas fait pour me déplaire.

Elle a raison tout simplement et il faut que j'arrête de me voiler la face.

Hendaye, 05/03/2006 – 11H30

Les quinze jours que j'ai passés en **Bretagne** m'ont requinqué.

Comme prévu depuis ma discussion avec **Caroline** je n'ai pas arrêté d'être questionné par tout le monde car bien évidement la nouvelle a fait le tour de mes amies. Même **Michèle** a été mise dans la boucle. J'avais peur de sa réaction mais elle a été un modèle de compréhension. Je suis rassuré de voir mes amis heureux de cette possible rencontre. La réalité me reprend sur cette route qui me mène à **Hendaye** pour rendre visite à la famille de **Greg**. Plus je m'approche de ma destination et plus mon cœur s'accélère et il me suffit de tourner légèrement ma tête sur la droite pour retrouver un semblant de sérénité. En effet **Laëtitia** a proposé de m'accompagner et bien évidement j'ai accepté.

La famille de **Greg** habite en fait à **Urrugne**, à une dizaine de kilomètres d'**Hendaye**. Grâce au *GPS* nous n'avons aucun mal à nous retrouver dans les temps devant le portail d'une maison d'architecture typiquement basque.

Sur la boîte aux lettres, je lis « **M. et Mme Talard** » puis j'inspire profondément en fermant les yeux. **Laëtitia** sent mon malaise et me serre la main. C'est la première fois qu'elle a un tel geste qui me fait frissonner et qui dans le même temps me donne la force nécessaire pour avancer. Nous sortons de la voiture puis j'actionne la sonnette. J'ai le cœur qui bat la chamade mais je dois me contrôler.

C'est une fillette blonde d'une dizaine d'année qui vient en courant pour nous ouvrir.

« Bonjour monsieur, vous êtes **Jacques** le copain de mon papa ? Venez vite, on vous attendait, ! Moi je m'appelle **Émilie** et j'ai dix ans… »

Elle me fait un grand sourire et me tend la joue. Je l'embrasse.

« Bonjour **Émilie**, je suis bien **Jacques** et ton papa avait raison tu es une belle et grande jeune fille. Je te présente **Laëtitia**. »

Laëtitia a aussi droit à une belle bise qui claque puis **Émilie** nous entraîne vers la maison au seuil de laquelle nous attend une femme brune d'une quarantaine d'années. Elle a le visage triste mais nous accueille avec un grand sourire de bienvenue.

« Bonjour madame ! Je suis **Jacques** et voici **Laëtitia** que vous avez déjà eue au téléphone je crois ? »

« Bonjour **Jacques**, mais je vous en prie appelez moi **Sophie**. »

Elle nous embrasse et nous prie d'entrer. Nous retrouvons deux couples d'une soixantaine d'années assis près de la cheminée où brûle une belle bûche. Il y a là les parents de **Sophie** mais également ceux de **Greg**. En voyant son père j'ai le cœur qui s'accélère.

C'est le portrait craché de **Greg !** Même prestance, même visage carré et le même port fier. J'ai la gorge serrée et je me sens mal à l'aise. Les présentations faites je ne sais pas par où commencer et c'est **Sophie** qui nous met tous à l'aise. Elle nous demande de nous installer dans le canapé d'angle marron qui occupe une grande partie de la pièce.

Les parents de **Greg** se tiennent par la main et me regardent. Je sens, je sais qu'ils ont envie de savoir, de comprendre mais les premières questions viennent pourtant des parents de **Sophie** qui me demandent si j'ai connu **Greg** à l'armée. Puis les questions se succèdent et comme je les comprend car ils savent que je suis l'un des derniers à avoir vu **Greg** vivant. Alors, au travers de ma présence, ils prennent un peu de ses derniers instants parmi nous.

La petite est là, présente et terriblement mature pour son âge. Elle est comme beaucoup d'enfants qui vivent des évènements qui rendent adulte avant l'âge.

Alors je leur raconte tout, ou presque. Notre rencontre et notre amitié naissante puis je leur parle de nos missions et enfin de cette dernière qui a coûté la vie à **Greg**. Ma voix m'abandonne parfois, j'ai la gorge serrée et tous m'écoutent dans un silence pesant.

« Et si je suis là aujourd'hui c'est parce que j'ai tenu **Greg** dans mes bras avant qu'on ne l'évacue. Il m'a demandé de vous dire qu'il vous demande pardon pour tous les soucis qu'ils vous a donnés dans sa vie et vous dire que vous avez été ses modèles mais qu'il vous aime ! »

En parlant je sens qu'une larme coule sur ma joue…

« Ses dernières paroles ont été pour vous deux **Sophie** et **Émilie**. Il a dit très exactement : “Je vous aime mes princesses” et il te demande pardon **Émilie** de ne pas être revenu mais que de là où il est il veille sur toi et ta maman et qu’il vous protège ! »

Voilà c’est gagné ! Nous pleurons tous et **Émilie** s’est jetée, en sanglots, dans les bras de sa maman. C’est elle qui prend la parole.

« Merci **Jacques** d’être venu nous voir. **Greg** m’avait parlé de vous dans un mail et je sais ce qui est arrivé à votre famille. Je voulais juste vous remercier d’avoir eu la force de nous rendre visite pour ce message aussi fort ! »

« **Greg** était un homme bien avec de vraies valeurs. Aujourd’hui il a rejoint mon petit **Paul** mais aussi **Katia** et je sais qu’ils veillent sur nous et qu’ils veulent nous voir heureux. À nous de les écouter ! »

La mère de **Greg** se lève et vient m’embrasser. Elle me prend dans ses bras avant que son mari ne fasse de même. Malgré leur tristesse ils sont dignes et fiers et je comprends alors cette fierté dont avait hérité **Greg**. **Sophie** reprend son rôle de maîtresse de maison et nous demande de passer à table. Le repas est excellent, un repas typiquement basque spécialement préparé en notre honneur. On parle de tout et de rien et on arrive même à rire de facéties et anecdotes sur la vie de **Greg**… une façon de le garder parmi nous !

J’écoute ensuite le père de **Sophie**, qui nous parle de ses cinq années passées dans la *marine nationale* sur des bateaux que je n’ai pas connu… génération oblige !

C’est une belle tablée où sont représentés les quatre coins de la **France. Laëtitia** vient du Nord-

Est, **Sophie** et sa famille sont de purs basques, **Greg** est originaire de **Toulon** de par son père et moi breton. Que des régions où les gens ont des caractères très forts et un véritable amour de leur terre, de leur patrimoine. Cela rapproche évidement !

À 17 heures nous sommes toujours à table. Nous n'avons pas vu le temps passé mais il faut que nous partions. Une demie-heure plus tard nous prenons congé de cette famille très attachante et tellement digne dans le malheur qui les touche. Sur le pas de la porte la petite me saute au coup et me remercie de lui avoir donné des nouvelles de son papa. D'une seule voix ils nous annoncent que nous avons *porte ouverte* puis **Sophie** nous raccompagne jusqu'au portail avant de me prendre dans ses bras.

« Merci **Jacques**, merci d'être venu nous voir… »

Nous les quittons pour prendre le chemin du retour et ni moi ni **Laëtitia** ne parlons. Ce silence nous fait du bien après cette journée forte en émotions et ce n'est qu'après un long moment que **Laëtitia** me lance d'une voix douce.

« Tu as été super **Jacques**, j'étais heureuse et fière d'être à tes côtés ! »

Elle accompagne cette gentille déclaration d'une bise tendrement posée sur ma joue. Décidément cette femme est pleine de fraîcheur. J'avais réservé par téléphone deux chambres dans l'hôtel *Radisson SAS* près de la **plage de Biarritz** et nous y arrivons vers 19 heures. Nous rejoignons rapidement nos chambres respectives. Rendez-vous est pris pour un dîner en tête à tête à 21 heures et dans l'intervalle une bonne douche sera la bienvenue.

À l'heure convenue nous nous retrouvons devant un magnifique plateau de fruits de mer. Le repas est délicieux et pas seulement du fait des mets sur la table mais aussi et surtout par l'ambiance. Pour ne rien gâcher **Laëtitia** est magnifique.

Le cadre est magique avec l'**Océan Atlantique** à nos pieds et nous n'arrêtons pas de parler, avide de continuer à nous découvrir mutuellement. **Laëtitia** m'apprend qu'elle rêve toujours du prince charmant mais m'avoue également qu'elle ne supporterait pas de vivre en attendant l'homme qu'elle aime… surtout si ce dernier se trouve dans une zone où sa vie est en danger.

Message subliminal s'il en est…

Les heures s'égrènent imperceptiblement et il est minuit passé lorsque nous quittons le restaurant de l'hôtel. Malgré la fraîcheur de l'hiver nous décidons d'une promenade digestive le long de la plage. La nuit est claire et la lune se reflète sur la mer calme de ce soir du mois de mars. Nous profitons d'un banc pour une pause. Cette ambiance porte à l'amour et pour la protéger du froid je prends **Laëtitia** dans mes bras. D'un seul coup son parfum m'enveloppe.

« Ça va ? Tu as moins froid ? ».

« Non ! Je suis bien, très bien même et je n'ai plus envie de bouger. Juste envie de rester là, dans tes bras, face à ce cadre magnifique. »

Elle a beau me dire ça mais je la sens frissonner et je décide de la ramener à l'hôtel où je l'accompagne devant la porte de sa chambre. Je la quitte après un bref baiser sur la joue puis d'un pas rapide je rejoins la mienne pour une nouvelle douche revigorante après cette petite sortie en pleine fraicheur. Je profite un long moment de l'eau chaude sur mon corps avant de passer un peignoir aux armoiries de l'hôtel. Alors que j'allume la télé j'entends deux coups brefs et discrets à la porte de ma chambre. J'ouvre sans hésiter et j'y découvre **Laëtitia** en peignoir elle aussi.

« **Jacques**, ne te méprends pas mais ce soir après cette journée forte en émotions je n'ai vraiment pas envie de me retrouver seule dans une chambre d'hôtel on ne peut plus impersonnelle ! »

« Pas de problème, entrez jeune fille. »

Je lui prends la main et je l'accompagne jusqu'au lit *king-size* où elle s'allonge, manifestement fatiguée. Je fais de même et instinctivement, alors qu'elle s'endort, elle se colle à moi. Je lui offre mon bras droit et je lui caresse doucement les cheveux en écoutant sa respiration qui ralentit. J'ai beaucoup de mal à m'endormir et c'est d'autant plus difficile que cela fait bien longtemps que je n'ai pas eu de femme mes côtés. Alors sentir son corps contre le mien, sentir ses formes parfaites et ma virilité qui renaît… mais ce n'est pas le moment de céder à la pulsion. Je ne veux pas gâcher ce moment de douceur et de partage.

Le sommeil finit par me gagner mais plusieurs fois dans la nuit je me réveille et je la regarde dormir en lui caressant les cheveux et en lui déposant de petits baisers sur le front et la joue. Au matin, je suis réveillé par un baiser déposé sur mes lèvres… j'ouvre mes yeux et je découvre **Laëtitia** appuyée sur un coude et qui me regardait dormir.

« Bonjour **Jacques**, j'ai dormi comme une princesse. Merci de m'avoir offert tes bras cette nuit. J'en avais besoin, besoin de me sentir protéger. Tu me fais découvrir des sensations que je n'ai jamais connues, une impression de sécurité et de bien être… »

Je n'ai même pas le temps de répondre qu'elle me dépose un nouveau baiser sur les lèvres avant de se lever et d'enfiler son peignoir par-dessus le long tee-shirt qu'elle a porté pour cette première nuit à mes côtés. Puis, sans mot dire, elle quitte ma chambre !

Bondy (93) région parisienne, 20/05/2006 – 22H00

Depuis notre escapade à **Biarritz** je n'ai pas revu **Laëtitia** même si tous les jours les textos et les mails vont bon train.

J'avais décidé de mettre un peu de distance physique pour ne pas l'impliquer dans ma traque en région parisienne. Je me suis installé dans un petit appartement dans le *9-3* comme ils disent dans le coin. Je m'y suis rapidement et complètement intégré. J'ai une barbe de belle facture et je passe mes journées à me balader de bar en bar. J'y écoute les jeunes parler et je fréquente la mosquée pour assister aux prières. Dès lors que les conversations deviennent intéressantes j'utilise l'attirail électronique que m'a fourni **Serge** pour enregistrer, filmer et photographier.

C'est vraiment du matériel de pointe, discret et performant, qui ne risque pas de faire tomber ma couverture. Afin de ne pas éveiller les soupçons lors des livraisons d'informations que j'ai recueillies le code est simple. Nous avons choisi un carrefour au pied même de la barre d'immeubles où j'habite et sur l'un des panneaux *STOP* la présence de la lettre E me prévient qu'à la cache prévu il y a du matériel pour moi et aujourd'hui je suis impatient car on doit me livrer une caméra-stylo dernier cri qui va me permettre de voir et de filmer sous une porte, entre autres.

Je m'installe comme convenu à l'arrêt de bus cent mètres plus loin avec le journal du jour en main que je jette dans la corbeille avant de me raviser et de le récupérer… en même temps que le colis qui y a été placé. Il ne me reste plus qu'à glisser discrètement un ticket de métro sous le pied gauche du banc de l'abri en même temps que je fais mine de refaire un lacet et mes complices savent que j'ai bien récupéré le colis. C'est un système très en vogue dans la guérilla et je l'utilise depuis mon installation ici avec succès.

Les résultats ne se sont pas fait attendre et la *DST* a pu remonter plusieurs réseaux, certes pas les plus dangereux, mais cela leur donne du blé à moudre selon l'expression de **Serge** et ça leur permet d'avancer afin de déceler les diverses ramifications de ces groupuscules. Mon travail le plus important est d'essayer de me noyer dans cette faune, de me fondre dans ce paysage.

Après la récupération je rentre dans un café où je m'installe sans même attirer l'attention d'un groupe de quatre personnes qui discutent en arabe à une table proche de la mienne. Ils parlent bon train mais je comprends qu'ils parlent de religion et de camps d'entraînements. Je reste là à boire mon thé tout en lisant un magazine qui parle de l'Islam à travers le monde. Je reste là un bon quart d'heure en m'efforçant de rester calme à l'écoute de leurs propos qui vantent le prophète et prônent l'anéantissement de tous les ennemis de l'Islam mais surtout des juifs.

Sans même les alerter je prends des clichés discrets de tout le groupe à l'aide de ma montre qui prend des photos en 1600 x 1200 pixels. Je n'ai bien évidemment pas oublié d'allumer mon dictaphone directionnel dont les bandes seront exploitées par des spécialistes en langue arabe de la *boîte.* J'ai juste peur que les bruits parasites ne viennent gâcher l'enregistrement mais ça ne risque rien d'essayer. Je suis rentré dans une routine attentive dont je suis sorti quand l'un des Islamistes présents évoque le **Louvre**.

« Le **Louvre** c'était leur grand discours et ceux qui on fait ça vont aller directement au jardin d'**Allah** ! ».

Mon sang ne fait qu'un tour. J'ai une folle envie de me lever et de les anéantir mais je me contiens… je respire profondément pour ne rien montrer. L'homme qui vient de parler a déclenché chez ses coreligionnaires un sourire de satisfaction et il reprend.

« J'aimerais être à ta place **Aqmar**. Tu connais l'un d'entre eux, **Mustapha**. C'est au **Pakistan** que tu l'as rencontré c'est ça ? »

Je m'imprègne des visages de ces hommes âgés de 25 à 45 ans à vue de nez et je ne dois en aucun cas perdre leur trace. Dire que depuis plus de trois ans l'enquête piétine. Les services spéciaux connaissent bien le commanditaire mais n'ont toujours pas identifié les bras armés et en peu de temps j'ai trouvé le fil de la pelote qui nous amènera peut-être à résoudre l'affaire ! Il y a bien une chance qu'ils ne parlent que pour se faire mousser mais je ne peux pas rester là à ne rien faire et je décide de les interpeller.

« Heureusement que tous les musulmans ne sont pas comme vous qui n'êtes que juste bon à parler dans un café ! »

Je n'ai même pas levé les yeux de mon journal pour leur asséner cette attaque qui me permettra peut-être de trier le bon grain de l'ivraie. Leur réaction ne se fait pas attendre.

« Mais qui es tu pour nous parler comme ça et de quoi tu te mêles ? Tu cherches quoi là ? »

Bingo ! Sans même qu'ils ne s'en aperçoivent je venais de les ferrer… à moi de jouer serré afin de ne pas les perdre.

« Moi ? Je ne suis personne mais vous vous vantez assis au chaud autour d'un café. Mais finalement je ne vaux pas beaucoup mieux que vous puisque moi non plus je ne bouge pas… mais au moins je ne me vante pas de choses que je n'ai pas faites ! »

« Tu n'es même pas arabe et tu te permets de parler ? »

« C'est vrai mais je reconnais l'Islam comme ma religion. Je suis ses préceptes et je lis le **Coran**. Je vais à la mosquée et je suis de ceux qui soutiennent certains combats. Alors depuis tout à l'heure je ne peux m'empêcher de vous écouter et si ce que vous dites n'est pas faux je pense plutôt qu'il vaut mieux agir que parler ! »

Je sens bien dans le regard de mes interlocuteurs que j'ai frappé là où il fallait et je ne leur laisse pas le temps de répondre.

« Allez bonne soirée, mes frères et au plaisir de vous revoir. *Allah Akbar* ! »

« Pas de problème Khouya *(mon frère)*, la prochaine fois que tu passes par ici nous aurons plaisir à t'accueillir à notre table. *Allah Akbar !* »

C'est **Jeff** qui vient de me répondre et je quitte la bar non sans les saluer de la main. Je me doute que mon intervention les a un peu surpris mais c'était le but. Mais j'ai bien fait de partir rapidement et de les laisser mijoter. Pour sûr je les ai intrigués… et j'ai deux prénoms dont **Mustapha** qui semble avoir participé à l'attentat !

De retour dans mon deux pièces je tape sans plus attendre mon rapport que j'enregistre directement sur une clé *USB* codée. Il ne me faut pas plus de vingt minutes pour le compléter, y transférer les photos et enregistrement du jour puis je pars étendre sur le petit balcon de mon appartement un tee-shirt rouge qui signale que je vais approvisionner la *boîte aux lettres* en informations.

J'enfile rapidement un pantalon de jogging et une paire de baskets puis je rejoints en courant le point de dépôt qui n'est autre qu'un container pour la récupération de vieux habits. J'y jette au passage un vieux pantalon de treillis où, dans l'ourlet, j'ai dissimulé la clé qui porte tous mes espoirs. Pour ne pas alerter d'éventuelles suiveurs je continue ainsi de longues minutes en utilisant des mesures de contre-filature avant d'entrer dans un bar.

On me sert un thé que je déguste assis face à une grande baie vitrée d'où un quart d'heure plus tard je vois une voiture qui s'arrête au feu située dans mon champ de vision. Le conducteur met les warnings puis cale au moment de redémarrer avant de filer sur les chapeaux de roues ! Juste un signal pour m'annoncer que le fruit de mon travail a bel et bien été récupéré. Je peux rentrer chez moi avec le sentiment de la mission accomplie.

Reste à espérer que les éléments transmis seront exploitables mais je suis serein.

Bondy (93) région parisienne, 22/05/2006 – 21H00

Je suis retourné dans le même bar qu'il y a deux jours. Personne ne me remarque car je suis devenu un habitué des lieux et j'espère simplement que mes *nouveaux amis* vont y venir. Ce soir je joue de chance car trois d'entre eux arrivent, rapidement rejoints par le dernier du quatuor. Alors qu'ils vont s'installer à une table proche de l'entrée l'un d'entre eux m'aperçoit et les quatre comparses se dirigent vers moi.

« Salam alikoum Khouya *(bonjour mon frère),* tu permets qu'on s'assoit avec toi ? »

« Alikoum salam mes frères, bien sûr, prenez place ! »

Intérieurement je souris ! Ils ont mordu à l'hameçon et il ne me reste plus qu'à remonter la ligne, sans la casser… Avant de prendre place ils me saluent tous et le plus ancien du groupe se présente.

« Je m'appelle **Anouar**. je suis le *chibani (de l'arabe dialectal "cheveux blancs")* du groupe. Ici tu as **Moktar** puis **Abdelkader** et enfin **Aqmar**… Et toi qui es-tu ? »

« Moi c'est **Jeff** ! »

Nous commandons quatre thés à la menthe et nous respectons le rite du thé, en silence. Une fois servis **Anouar** m'interpelle.

« Alors **Jeff**, la dernière fois tu as eu un discours très agressif vis-à-vis de nous alors que tu ne nous connais pas et tu oses nous juger. Qui es tu au juste, un flic, un indic ? »

Cette remarque me fait comprendre qu'ils sont aux aguets et méfiants mais je ne me départis pas de mon calme.

Je suis prêt à leur répondre et pour cela je vais utiliser une vieille méthode qui consiste à toujours à me rapprocher de vérités dans un mensonge. Alors que j'étais dans les forces spéciales il nous fallait inventer des mesures de déception et je suis passé maître en la matière. Je me lance en le fixant droit dans les yeux.

« Ni l'un, ni l'autre *chibani* ! Je suis juste un grand voyageur et lors de l'un de mes passages en **Arabie Saoudite** où un homme qui est devenu mon ami m'a fait découvrir puis aimer votre religion et finalement comprendre. Alors je suis de ceux qui trouvent que certaines actions que mènent les plus fervents des nôtres sont légitimes ! Grâce à eux nous pouvons gagner notre combat contre les infidèles, *Inch Allah (si Dieu le veut)* ! »

Je comprends au regard d'**Anouar** que j'ai fait mouche. Et pourtant s'il savait la rage qui m'habite après cette diatribe contre ce que je conçois être le monde libre… La discussion qui suit est placée sous le signe des convictions et finement l'ancien me sonde sur la religion et les prises de position américaines, françaises et britanniques. Nous ne manquons pas d'évoquer le cas d'**Israël** et là aussi je lui parais totalement convaincant.

Les échanges sont passionnés et vifs. Maintenant tout le monde intervient et je suis abasourdi de la ferveur de mes interlocuteurs à affirmer qu'ils sont dans le vrai. Nous ne manquons pas d'évoquer la **France** et les sujets d'actualité dont le droit de vote des immigrés qui, pour eux, est légitime voire naturel. Ils sont quand même intrigués par ma démarche alors que je ne suis pas arabe et après une bonne heure j'abats une carte décisive.

« Ici, en **France**, c'est bien souvent la naissance qui définit la religion comme dans bien des endroits mais la vie fait qu'adulte on trouve parfois sa religion de cœur et pour moi c'est l'Islam ! »

Merci **Youssuf**, oh oui un grand merci de m'avoir permis d'apprendre, sans même t'en rendre compte, à m'exprimer comme les orientaux, cœur sur table !

La discussion prend alors un cours normal ce qui me laisse à penser que quelque part je les ai convaincus mais je reste aux abois. Vers minuit je prends congé. Bien évidemment je n'ai pas utilisé mes moyens hi tech, trop risqué, mais même si je n'ai rien appris je n'étais là que pour me faire accepter. Je suis épuisé d'avoir dû me contrôler aussi longtemps en prônant des convictions qui sont à des années lumière des miennes et heureusement pour **Anouar** qui, sourire aux lèvres, s'est permis d'affirmer haut et fort qu'il ne regrettait pas les victimes innocentes…

Bar du *Best Western*, Paris, 25/06/2006 – 23H30

Depuis un mois je vois régulièrement mes trois nouveaux *amis* et à chaque fois j'en apprend plus sur les réseaux Islamistes qui se trouvent dans la région parisienne.

Je les ai même accompagnés dans une forêt près de **Dugny** où avec stupéfaction j'ai découvert un véritable camp d'entraînement. S'y trouvaient des jeunes adultes, 18 – 20 ans tout au plus, qui s'entraînaient au maniement des armes, à la confection d'explosifs et au corps à corps. J'en suis resté scotché ! Officiellement ? C'est un centre de vacances mais les activités qu'on y pratique sont loin d'être ludiques ! Heureusement j'ai réussi à prendre quelques clichés que j'ai pu transmettre sans encombre à la *boîte* !

Cette vie souterraine, coupé du monde, commence à me peser ! J'ai besoin d'un break et d'un *SMS* j'invite **Laëtitia** pour un dîner sur l'**île Saint-Louis**. Dans l'après midi je suis venu m'installer ici au *Best Western* dont j'apprécie le charme et la tranquillité. Je me suis rasé de frais, je suis passé chez le coiffeur avant d'attendre patiemment mon rendez vous avec elle.

Le repas a été merveilleux. **Laëtitia** est arrivée avec un tailleur bleue turquoise qui lui allait à ravir. On a ri, on s'est observé et on s'est rendu compte de ce manque de l'autre qu'on avait ressenti durant ces trois mois sans ce voir.

Le téléphone et les mails ne remplacent pas la vue, ni l'odeur et encore moins la présence de l'autre.

Là on se retrouve tous les deux devant une coupe de champagne, le bar est vide. Il n'y a que nous et la musique en sourdine rend l'instant romantique. Je suis bien et je sens, dans son regard, qu'elle également. Je la regarde droit dans les yeux et je me rends compte, du moins je me l'avoue enfin à moi-même, que j'aime cette femme et que j'ai envie d'elle. Deux sentiments qui ne sont pas obligatoirement liés mais qui lorsqu'ils le sont rendent l'acte d'amour si beau et si fort. Alors sans un mot je lui prend la main, je pose d'autorité son verre sur le comptoir avant de la guider vers l'ascenseur.

Lorsque la porte se referme, instinctivement, je la prend par la taille. Ma main droite lui caresse le visage et sans cesser de la dévisager, doucement, je rapproche mes lèvres des siennes alors qu'une de mes mains glisse le long de sa nuque pendant que de mon autre main je la plaque contre moi. Je sens mon cœur qui bat la chamade et je découvre le goût salé de sa langue. Je respire son parfum et son bassin se colle au mien. Ses bras m'enserrent à m'étouffer.

Pas de doute, elle aussi est bien !

La porte de l'ascenseur s'est ouverte et nous nous embrassons toujours. Je me détache d'elle et la guide vers ma chambre. Une fois à l'intérieur je lui retire sa veste, lui caresse les bras et lui embrasse les mains.

Je veux découvrir son corps centimètre par centimètre, mon sexe durcit. Le pauvre est soumis à rude épreuve, lui qui depuis plus de deux ans n'a pas vu de femmes, simplement réduit à des séances hygiéniques lorsque la tension devenait trop forte, et le voici à nouveau face à une femme. Il faut qu'il se calme… chaque chose en son temps !

Je me place derrière elle et la serre dans mes bras. Collée à elle je sens ses courbes et j'embrasse son cou, sa chevelure et je finis par ses épaules. Ma main glisse sous sa chemise et je sens la douceur et la chaleur de sa peau. Ma main glisse alors sur son ventre. Je sens bien qu'instinctivement elle se colle encore plus à moi. Elle laisse glisser ses bras le long de son corps puis me caresse les cuisses, sur l'arrière puis sur l'avant avant de rejoindre mon entre-jambes. J'entends son souffle qui devient plus fort, plus profond et je la retourne délicatement avant de l'embrasser à pleine bouche.

Je la serre contre moi. Elle répond à mon étreinte, c'est fort, mon cœur s'emballe et j'ai la tête dans les étoiles. Parfois des moments de partage comme ça sont encore plus forts qu'une jouissance *merdeuse*. Cet instant de bien être est si bon qu'on le prolonge à l'envi et lorsqu'on nous parvenons à nous détacher nous remarquons que nos lèvres portent la marque de notre étreinte.

Ensemble, doucement, on se déboutonne nos chemises respectives et je découvre alors ses seins et son ventre plat. Elle laisse son regard courir sur mon corps. Elle s'attarde sur mon torse et mes pectoraux que ses mains caressent avant de rejoindre mon ventre.

Je ferme les yeux, pour mieux apprécier. Encore !

Je me laisse glisser le long de son corps en embrassant son ventre où je m'attarde alors que mes mains caressent son dos. Nos habits jonchent le sol et seuls nos sous-vêtements laissent un semblant de suspens sur nos intimités respectives. **Laëtitia** porte une culotte brésilienne noire et un superbe soutien gorge à balconnet assorti. Je vois bien que mon boxer blanc lui plaît.

Je l'allonge délicatement sur le lit et je pars à la découverte de son corps successivement avec mes mains, mes lèvres, mes yeux puis mon corps. Tous mes sens sont comblés. Elle ferme les yeux et se laisse contempler, totalement offerte. Mes lèvres n'arrêtent pas de parcourir ce corps qui réagit à chaque baiser, ce corps qui va finir par faire jaillir mon cœur de mon corps…

Délicatement ma langue prend parfois le relais pour découvrir ce corps de façon plus intime et pour s'imprégner de son goût, de ses goûts. Parfois elle devient plus précise se rapprochant de l'entre-jambes de **Laëtitia** qui se sent en confiance et ne résiste pas. Elle l'accueille, l'accepte et l'apprécie.

Mon corps tout entier veut à présent connaître le sien. Je m'appuie sur mes bras et je me sers de mon torse pour la caresser. Je sens contre ma peau les tétons de **Laëtitia** qui durcissent, ses seins qui pointent. Elle me prend par la taille et ses caresses partent de mes fesses, suivent mon dos pour finir sur mon buste. Je me laisse faire, je frissonne de plaisir. Je me couche totalement sur elle en continuant à l'embrasser. Nos jeux érotiques durent un bon moment et nous explorons encore nos corps un long moment. Parfois, en fonction de l'endroit, l'excitation devient tellement difficile à contrôler que nous n'y restons pas pour ne rien précipiter….

Nous sommes maintenant totalement nus et je découvre son sexe recouvert d'un très léger duvet blond. J'y laisse traîner mes lèvres, je l'embrasse, et ma langue veut également sa part ! Pendant ce temps **Laëtitia** me caresse les cheveux et je sens à la pression de ses doigts et au rythme de sa respiration qu'elle est de plus en plus excitée.

De la sentir comme ça transcende mon envie d'elle.

Ça y est, ma langue a pris possession de son sexe. **Laëtitia** gémit, elle me parle et me dit combien elle aime comme ma langue la parcourt. Elle me dit aussi qu'elle aime mon corps…

« **Jacques** prends moi ! J'ai envie de toi, de te sentir en moi ! »

Elle me le répète plusieurs fois, je sens bien que mes caresses et mes attentions deviennent un supplice pour elle. **Laëtitia** veut juste me sentir en elle alors, doucement je remonte puis je prends appui sur mes bras et doucement, tout en la regardant, je la pénètre !

Quel bonheur de sentir mon sexe en elle…

Faire l'amour ne se réduit pas pour moi à une simple prouesse physique. Pour un homme qui n'a pas touché de femme depuis des années, il lui faut savoir se contrôler et ne pas céder à l'excitation… venir trop vite gâcherait ce moment de partage. Et puis faire l'amour c'est transmettre avec son corps, son sexe, ses mains et sa langue tout l'amour que l'on a pour l'autre. Je me contrôle, mon sexe entre et sort de son intimité et orsque je sens que l'excitation est trop forte je m'arrête et je laisse la pression redescendre… la passion ne doit pas précipiter les choses. Il faut savoir apprécier et donner du plaisir est la meilleure manière d'en recevoir.

Alors que nous sommes tous les deux sur le côté, mon sexe bien au chaud dans le sien continuant ses va-et-vient, je sens qu'elle va jouir. Elle me l'annonce même, se crispe et soudain lâche un cri venu du fond de son être… je la serre tout contre moi.

Je suis heureux mais je veux la faire jouir à nouveau et partager avec elle cette explosion de plaisir juste pour pouvoir partager avec elle cette jouissance. Alors je continue, on change de position et nous retrouvons la magie de la première fois à redécouvrir les goûts, les envies et les attentes de l'autre. Je me trouve sur elle et rapidement je la sens se crisper à nouveau. Ses ongles griffent mon dos, je la sens toute proche de la jouissance tout comme moi alors je lui murmure…

« Ne ferme pas les yeux et laisse toi aller. Prend ce plaisir que je te donne, je veux jouir avec toi ! »

Je sens ma jouissance qui arrive alors que la sienne est toute proche. Mon regard est noyé dans le sien, mon plaisir monte et nos corps se crispent à l'unisson.

Nous jouissons ! Je remarque qu'au coin de ses yeux coulent des larmes.

« Je t'aime **Jacques**, je t'aime ! »

Je l'embrasse tendrement.

« Je crois bien que moi aussi **Laëtitia** et pourtant j'étais persuadé que connaître à nouveau l'amour me serait impossible… »

Après un court silence et sans la quitter des yeux je lui propose de prendre un bain à deux. Elle acquiesce d'un hochement de tête. Je me lève et je nous fais couler un bain aux huiles essentielles. J'allume la radio, du classique et même si je ne suis pas spécialement adepte de ce genre de musique elle trouve naturellement sa place dans certaines situations et celle que je partage actuellement avec **Laëtitia** en est une. Je sors une bouteille de champagne du mini-bar et lui en sers une coupe. J'éteins la lumière de la salle de bains, j'ai allumé deux bougies. D'une main je l'invite à me suivre et nous nous retrouvons dans la baignoire, un peu serrés mais nous sommes bien.

Champagne en main nous parlons, nous rions sans manquer de nous embrasser et bien sûr on refait l'amour. La nuit entière est une succession de moments tendres et romantiques alternant avec une frénésie sexuelle. Au petit matin on finit par s'endormir l'un à côté de l'autre, fatigués mais tellement heureux.

Il doit être dix heures du matin lorsqu'on se retrouve tous les deux dans le lit à prendre notre petit déjeuner puis à refaire l'amour. Je suis bien apaisé et ce matin quelque chose en moi revit. J'ai découvert cette nuit qu'il m'était possible d'aimer à nouveau et ça c'est pour moi un énorme pas en avant.

Comme quoi le destin est vraiment bizarre parfois. Moi qui étais venu dans cette société pour y trouver un travail j'y ai aussi rencontré l'amour. Mais mes pensées ne s'arrêtent pas là et je me mets à penser à **Katia** et à **Paulo**. Que peuvent-ils bien penser de moi de là où ils sont ? J'aime à croire que cela doit leur faire plaisir de me savoir heureux. Je deviens raisonnable car de toute manière, ce que j'ai vécu, ce que j'ai ressenti et ce que je ressens encore et toujours pour **Katia** personne ne pourra me l'enlever.

Alors je vis et comme tout un chacun j'ai besoin d'aimer et d'être aimé… et avec **Laëtitia** je suis comblé.

Domicile de Charlie, Lorient, 27/06/2006 – 11H30

Depuis notre première nuit d'amour on ne se quitte plus et **Laëtitia** a même pris dix jours de congés.

Tels deux *affamés d'amour* on ne se lâche plus et on fait l'amour dès qu'on en a l'occasion. De vrais gosses à toujours s'embrasser, se câliner. Je revis et je redécouvre le bonheur simple d'être réveillé par une main qui caresse mes cheveux et surtout le plaisir de créer l'envie chez l'autre lorsque je me réveille en pleine nuit et que je sens le corps de **Laëtitia** tout prêt de moi. Du coup j'ai retrouvé l'envie de plaire et de faire attention à moi, à mon apparence !

Alors hier au soir je lui ai proposée cette escapade en **Bretagne** avec ce fort besoin que j'ai de lui présenter mon cercle d'amis. Besoin d'être en quelque sorte adoubé par eux ! Comme à l'accoutumée j'ai été franc avec elle et **Laëtitia** n'a pas hésité une seconde et nous sommes au pied du mur devant la porte de mes amis. J'ai une petite boule au ventre car je sais que derrière cette porte il y a **Charlie**, **Caroline** mais aussi **Guy** et **Pauline** ! Pour un début c'est déjà pas mal et on verra bien avant de présenter **Laëtitia** à un cercle plus large d'amis.

Déjà hier midi nous avons bu un verre avec **Serge** qui l'a manifestement trouvée charmante et m'a confié, en aparté, que l'on formait un couple magnifique ! Reste juste aujourd'hui à confirmer cette appréciation…

Je me décide à sonner, **Laëtitia** sourit, moqueuse et c'est **Caroline** qui ouvre la porte. Elle nous accueille avec un grand sourire. Ils sont tous là, en demi-cercle et j'ai l'impression de passer devant un tribunal. Heureusement les sourires sont là et **Charlie** me rassure en restant lui-même. Il ne lui faut en effet pas plus de trente secondes pour se lâcher !

« Putain **Jacques**, t'as pas pris la plus laide de **Paris** ! »

Puis s'adressant à **Laëtitia**.

« Mais dites moi **Laëtitia**, comment une aussi belle et aussi classe femme que vous a fait pour tomber dans les pattes de cet ours des cavernes ? »

C'est bon signe, **Laëtitia** rit.

Charlie vient de donner le ton et c'est parti pour la ronde des questions avec mention spéciale à **Pauline** qui veut plein de détails ! Directrice des ressources humaines un jour, directrice des ressources humaines toujours… **Caroline** n'est pas de reste car, elle aussi, veut tout savoir. Je vois bien que par moment **Laëtitia** a du mal à suivre cet interrogatoire en règle. Alors pour la rassurer je lui prends la main mais voilà **Guy** qui intervient en digne fils de son père !

« Oh comme c'est mimi cette petite main qui vient soutenir et encourager ! »

Sacré **Guy**… mais tout cela est tellement bon enfant que **Laëtitia** ne sourcille même pas. Son charme et son naturel font le reste. D'ailleurs, par moment, c'est elle qui lance quelques plaisanteries et l'apéro n'est même pas fini que je la sais acceptée ! Le repas se passe dans la bonne humeur et les rires fusent de touts parts. Je suis bien et c'est **Caroline** qui le remarque la première. Alors que je l'aide à débarrasser la table, elle m'arrête en cuisine.

« **Jacques**, j'aime te voir comme ça ! Amoureux et souriant, vivant quoi ! Je suis vraiment heureuse que tu aies trouvé une fille comme **Laëtitia**. Tu sais que je connais bien **Charlie** et crois moi la petite a fait sa place, même avec lui ! »

Voilà c'est fait, elle est adoubée ! En prononçant ces paroles **Caroline** vient de me dire qu'elle l'accepte, mieux elle l'adopte dans notre cercle finalement restreint. Je l'embrasse et elle en est touchéE. Comme quoi la vie peut être si belle parfois ! L'après-midi se passe dans la détente et j'en profite de temps à autre pour me mettre en retrait et les observer. J'en deviens spectateur de ma propre vie.

Plœmeur, 28/06/ 2006 – 09H30

Nous nous sommes couchés très tard. En quittant le domicile de mes, DE nos amis j'ai fait découvrir à **Laëtitia** cette route côtière à la lueur des étoiles et d'une pleine lune envoutant.

Ce matin ce sont les premiers rayons du soleil qui viennent nous réveiller et nos corps se rapprochent. Nous célébrons ce nouveau jour en faisant l'amour. Ce soir, nouvelle épreuve du feu qui je le sais n'en sera pas une car nous sommes invités chez **Éric** où nous rejoindrons **Olivier** et **Alain** qui ont exprimé le souhait de rencontrer la femme qui me redonne goût à la vie.

Soudain je me rends compte que pour la première fois je ne suis pas allé de suite me recueillir sur la tombe de **Katia** et de **Paul** en arrivant. Je m'en veux et je culpabilise terriblement. Inconsciemment je me détache de **Laëtitia**. Je me lève prendre une bonne douche. Quand je reviens je vois bien, à son regard, que **Laëtitia** s'est aperçue de mon changement de comportement.

« Hey **Jacques**, ça n'a pas l'air d'aller ! J'ai fait quelque chose de mal ? »

« Mais non ma chérie, je n'ai rien… Reste couchée je te fais un bon café et je cours chercher des croissant, ça te dit ? »

Elle n'est pas dupe, aidée dans son sentiment de malaise par mon incapacité comportementale à mentir aux gens que j'aime. Afin de ne pas l'accabler je me précipite pour aller récupérer quelques croissants à la boulangerie au coin de la rue. Il fait beau mais j'ai un gros nuage à l'âme.

Je m'en veux doublement. Et d'avoir oublié d'aller au cimetière et de faire subir ce changement de comportement à **Laëtitia** ! Elle qui n'y est pour rien et qui ne mérite pas ça. Cette situation me torture le cerveau. De retour à l'appartement **Laëtitia** est debout et déjà douchée. Moi qui voulais lui porter le petit déjeuner au lit, c'est raté ! Elle me rejoint alors que je sers le café et dans mon dos m'enlace de ses deux bras puis me murmure avec douceur :

« S'il te plaît **Jacques**, sois franc. Dis moi si j'ai fait quelque chose qui ne t'a pas plu ou si tu regrettes de m'avoir amenée dans cette ville où tu as vécu avec ta femme et ton fils ? Parles moi, je peux comprendre tu sais ! »

Elle n'est pas loin de la vérité alors je prends une grande respiration pour ne pas me faire submerger par l'émotion avant de lui répondre.

« Oh que non tu n'y es pour rien mon cœur. C'est moi, juste moi qui m'en veux de n'être pas passé les voir au cimetière comme je le fais à chacun de mes passages. Le bonheur que je ressens avec toi m'a fait oublié ce geste que j'ai pour eux et ça me torture… »

Elle change de voix et me rassure comme une mère le ferait en s'adressant à son enfant.

« Comment veux tu que je t'en veuille de ce qui te lie à ta vie passée ? Alors tu vas me faire un grand plaisir, tu vas sauter sur ta moto et tu prends le temps qu'il te faut pour aller voir ceux que tu aimes… c'est un ordre ! »

Elle arrive à m'arracher un sourire et je lui réponds simplement en la prenant dans mes bras. Sa réaction est formidable car je me doute que cela ne doit pas être facile à vivre pour elle non plus. J'essaie de lui répondre mais elle me l'interdit en posant un index sur ma bouche puis en déposant un baiser sur mes yeux. Elle me fixe alors avant de reprendre la parole.

« **Jacques**, mon amour, tu ne m'imposes rien en faisant ça. J'aime ta vie, ta fidélité en amour et en amitié mais aussi les valeurs que tu défends, je t'aime tout simplement. Alors reste l'homme que j'aime et dis leur bien que je ne suis pas là pour les priver de toi et que j'ai envie que ton bonheur continue à passer par vous trois ! »

Elle vient de m'asséner le coup au cœur fatal qui instantanément me fait pleurer. Elle me tend les clés de la moto qu'elle avait cachées dans la poche de son peignoir et me pousse dehors, me faisant les gros yeux pour m'interdire de parler.

Une demie-heure plus tard je suis assis devant la tombe, de **Katia** et de **Paul**. Tout juste installé et alors que je m'apprête à leur parler le ciel se couvre et une pluie d'été se met à tomber frappant les tombes alentours mais pas la leur qui reçoit l'unique rayon de soleil du cimetière… Moi qui leur avais demandé un signe je suis servi et apaisé je leur parle un long moment. Une fois mon monologue terminé je pars non sans dire à **Paul** puis à **Katia** combien je les aime. Cette situation me fait sourire car moi, l'incorruptible des sentiments je suis à même de dire je t'aime à deux femmes, avec la même sincérité, avec la même force sans tromper ni l'une, ni l'autre !

Et moi qui croyais cela impossible ! Comme quoi il n'y a que les cons qui ne change pas d'avis… Je repars l'âme en paix avant d'enfourcher ma moto pour retrouver **Laëtitia**. Je la retrouve à l'appartement. À mon sourire elle comprend que je vais mieux et m'offre ses bras.

« Madame, que pensez-vous d'une petite ballade à moto pour un plateau de fruits de mer dans un port comme seule la **Bretagne** en a d'aussi beaux ? »

Elle acquiesce d'un sourire et nous filons direction la route côtière que je connais par cœur. Elle a fière allure et a passé ses bras autour de ma taille. Nos casques jets nous permettent de profiter de la douce chaleur de ce début d'été qui fouette nos visages. Je pourrais rouler des heures comme ça à profiter du paysage et de **Laëtitia**. De temps à autres elle m'offre son visage dans le rétroviseur. Ces instants sont de ceux que je grave dans un coin de ma mémoire pour les utiliser les jours où le blues sera mon compagnon.

La journée reste magnifique et nous déjeunons dans un petit restaurant de **Doëlan**, face à l'une des plus belles rias de **Bretagne**. Le plateau que l'on nous sert est excellent d'autant plus qu'il est accompagné d'un vin blanc bien frais. Que demander de plus ?

Nous profitons d'une promenade le long du sentier côtier pour digérer en douceur et profiter du soleil. La brise se mélange au parfum de **Laëtitia** et ce mélange m'enivre et me donne envie d'elle et de rester là à faire durer ce moment de plénitude. Sans même lui en demander l'autorisation je me dirige vers l'hôtel du port où par chance il reste une chambre que nous prenons pour la nuit. Nous passons le reste de l'après-midi à faire l'amour, fenêtres grandes ouvertes et les mouettes nous accompagnent de leurs cris stridents.

En début de soirée nous nous précipitons à la supérette locale pour quelques achats de confort. Notre panier accueille brosses à dents, dentifrice mais aussi sous-vêtements de rechange qui même s'ils ne sont pas à la mode serons bien pratiques pour les adeptes de l'hygiène que **Laëtitia** et moi-même sommes.

La vie est belle quand on improvise !

Alors que nous rejoignons l'hôtel **Laëtitia** m'arrête, net !

« Heu, **Jacques**, tu n'as pas l'impression d'avoir oublié quelque chose ? »

À ma mine déconfite elle comprend que je ne vois pas et poursuit.

« Je crois qu'on était invité ce soit… »

Putain, j'avais totalement oublié. Sans attendre j'appelle **Éric**. Pas de mensonge avec eux alors je lui sors la vérité nue et lui demande de reporter au lendemain. Pour le principe il fait semblant de râler mais il n'est pas crédible d'autant plus qu'au son de ma voix il a dû comprendre que j'avais mieux à faire. La soirée n'est que le prolongement de la journée avec la valeur ajoutée du romantisme de la nuit. Après un dîner frugal nous reprenons la moto et je fais découvrir un point de côte à **Laëtitia** d'où nous pouvons voir et entendre les vagues s'éclater sur les rochers.

On reste un long moment, silencieux, à profiter du spectacle et de nous. Ce n'est qu'après de longues minutes que **Laëtitia** vient briser ce silence.

« **Jacques**, tu ne m'as jamais parlé de ton enfance ? »

« Mon enfance ? Vaste sujet… par où veux tu que je commence ? »

« Et si tu commençais par le début… »

« Ok jeune fille. Mon père a rencontré ma mère lorsque cette dernière n'avait **que** 18 ans. Un an plus tard elle était enceinte de moi. Elle a quitté la maison deux mois après ma naissance et a disparu sans jamais donner signe de vie ! »

Laëtitia m'écoute avec attention.

« Bien des années plus tard mon père m'a raconté qu'elle avait laissé qu'une simple lettre posée sur la table du salon et dans laquelle elle disait qu'elle ne se sentait pas d'être mère. Trop jeune pour ça et qu'elle voulait voir du pays, voyager, vivre et qu'avec mon arrivée cela ne serait plus possible… »

Je marque de longs silences car j'ai toujours du mal à parler de mes débuts de vie mais je sais que **Laëtitia** me comprend. Je continue mon histoire. Mon père qui apprend que ma mère ne l'avait jamais aimé et qu'elle ne s'était mise avec lui que pour quitter le domicile familial sans parler que je n'étais qu'un accident de parcours qu'elle ne voulait pas. Mon père a bien essayé de la retrouver mais il a fini par baisser les bras trop accaparé à m'élever tout seul alors que six nuits sur sept il travaillait la nuit de 22 heures à 07 heures sur les quais à décharger les bateaux, c'était un docker. Enfant je dormais chez des voisins avant qu'au petit matin mon père ne vienne me récupérer.

Je marque une pause le temps que **Laëtitia** vienne se placer en tailleur à même le sol et face à moi. Elle me prend les mains et du regard me demande de continuer.

Je lui explique alors que jusqu'à ce que j'ai l'âge d'aller à l'école mon père a tout géré et n'avait pas grand temps pour se reposer. Ma scolarisation lui a permis de se poser un peu.

Laëtitia m'interrompt, impatiente.

« Et il n'a rencontré personne ? »

« Non, il ne s'est jamais remis avec quelqu'un et je ne l'ai jamais vu ni su avoir une relation avec une autre femme. Il n'avait en tout et pour tout que deux amis avec qui ils se voyaient régulièrement. Deux célibataires endurcis qui venaient régulièrement chez nous »

Je vois bien que **Laëtitia** essaie de retenir ses larmes mais je la rassure en lui parlant de ces soirées où avec mon père et ses deux amis nous dégustions des repas gastronomiques dans une belle ambiance de fous rires. Je ne manque pas d'évoquer nos belles parties de pêche et je vois un joli sourire qui vient éclairer le visage de **Laëtitia**.

« Et tu as encore ton papa ? »

« Non il est mort avec ses deux amis à six mois d'intervalles. Ils étaient ma seule famille puisque mon père était de la *DDASS*… »

Un nouveau silence s'installe. On n'entend plus que le bruit des vagues et **Laëtitia** porte mes mains à sa bouche pour y déposer un baiser.

« Il est parti il y a longtemps ? »

« Oui, trop longtemps ! Je n'avais que 19 ans et je venais juste d'être breveté commando et le jour où je suis rentré à la maison sans le prévenir car je voulais lui annoncer la nouvelle les yeux dans les yeux je l'ai attendu jusqu'à ce que les gendarmes viennent taper à ma porte pour m'annoncer qu'il venait de se tuer sur la route… »

J'ai du mal à continuer mais **Laëtitia** m'y invite d'une pression des mains.

« Putain comme il était fier que je choisisse la *marine* et encore plus que je décide de devenir commando et j'ai tout fait pour lui apporter cette fierté qu'il méritait… sans parler qu'il n'a même pas connu son petit-fils ! »

« Et ta mère, tu n'as jamais cherché à la revoir ? »

« À la voir tu veux dire ? Je n'ai aucun souvenir d'elle et je ne sais même pas si ça m'intéresse de savoir si elle est encore vivante. Le plus marrant, et j'en suis sûr, c'est que si elle était revenue mon père l'aurait accueillie à bras ouvert car il l'aimait toujours, malgré tout. Il n'a jamais autorisé qui que ce soit d'en dire du mal. Alors à sa mort j'ai pris sa barque et avec ses deux amis nous avons jeté ses cendres au Sud de l'**île de Groix** sur un de nos sites de pêche. »

« Il te manque je suppose ? »

« Terriblement mais pendant des années lors d'exercices avec les commandos lorsqu'on rentrait de raids de nuit en *Hurricanes*, je passais à cet endroit pour me rapprocher de lui… voilà l'histoire de mon enfance ! »

Ça y est **Laëtitia** pleure à chaudes larmes…

« Merci **Jacques** car je sais aujourd'hui de qui tu tiens ces valeurs qui font de toi l'homme que j'aime ! »

Ces confidences faites nous sommes restés un long moment dans les bras l'un de l'autre. Ça faisait bien longtemps que je n'avais pas parlé de mon père et ça m'a fait du bien car comme à chaque fois je sens sa présence. Finalement ces épisodes de vie sont ma manière à moi de croire en la religion, à cet après dont tout le monde parle et dont personne ne sait rien et à ce paradis que tout le monde espère.

Moi je crois juste qu'après, enfin j'espère, on retrouve ceux que l'on a aimés, qu'ils nous attendent mais surtout que de là où ils sont ils nous guident et nous indiquent la bonne direction et nous aident à faire les bons choix. Une façon comme une autre de garder espoir en croyant qu'ils ne sont pas partis pour toujours et qu'un jour on se retrouvera tous…

Paris, 10/07/2006 – 15H00

Et voilà ! Je viens de vivre quinze jours exceptionnels faits de plaisirs, de partage et d'amour **Laëtitia** a été adoptée par tous mes amis sans exception et nous en étions arrivés à nous sauver pour pouvoir nous préserver des moments privilégiés, rien qu'à nous ! Même mon ex belle-famille l'a acceptée et la cerise sur le gâteau a été quand **Michèle** a pris **Laëtitia** dans ses bras pour lui dire qu'elle était heureuse que je retrouve le goût de vivre grâce à elle. Séance larmes garantie… pendant qu'elles étaient parties s'installer toutes les deux dans le jardin à discuter comme deux amies de longue date.

Malheureusement les bonnes choses ont une fin et **Laëtitia** doit reprendre son travail. Quant à moi j'ai encore beaucoup à faire avec mes cibles. Pour un rafraichissement je dois retrouver **Serge** dans notre brasserie habituelle.

Sur le chemin j'observe cette foule parisienne tellement hétéroclite. Ils me surprennent, ils se côtoient mais chacun semble vivre dans sa propre bulle sans aucune attention pour l'autre. Des milliers de vies parallèles qui, sauf hasard *d'aiguillage humain*, ne rentreront jamais en contact les uns avec les autres. J'en suis là de mes pensées philosophiques quand je suis surpris par une main qui me broie l'épaule. Je fais volte-face prêt à une riposte et je me retrouve face à **Serge** dont le visage est fendu d'un large sourire. Décidément je me fais vieux. Perdu dans l'observation de la foule je n'ai pas vu mon ami arriver… **Serge** valide cette constatation !

« Eh bien **Jacques** tu vieillis… on pourrait te suriner sans que tu n'esquisses le moindre geste. Je comprends que tu aies quitté les forces spéciales ! »

Je ne formalise pas de cette remarque amicale mais au combien réaliste.

« C'est clair **Serge**, les vieux au placard ! Comment vas-tu depuis le temps ? »

« Moi ? Très bien mais c'est à toi qu'il faut lc demander… d'après mes sources il semblerait que la jeune femme que tu m'as présentée l'autre jour soit la perle rare ? J'en suis heureux pour toi mon ami ! »

« Sans doute grâce à mon ange gardien qui me garde dans sa ligne de mire… »

« Tant mieux et qu'il garde cette visée alors. Tu sais je n'ai pas eu l'occasion de te le dire encore mais j'ai vu des rapports sur ton travail de formation en **Arabie saoudite**, impressionnant, que des éloges ! »

« Je ne savais pas que la *boîte* surveillait ses compatriotes qui travaillent à l'étranger ! »

« La routine **Jacques** et ce n'est pas à toi que je vais l'apprendre ! L'essentiel est que tu aies fais du bon boulot. »

« Et si on revenait à nos moutons **Serge** ? »

« Puisqu'on en est à parler de bon boulot celui que tu as fait dans les banlieues a plus que porté ses fruits ! »

J'accueille cette nouvelle avec un sourire de satisfaction.

« Donc le **Mustapha** dont tes quatre acolytes ont parlé et bien on a retrouvé sa trace. Le lascar a bel et bien effectué des stages au **Pakistan** et c'est un *pur et dur*. La *DST* et l'antiterrorisme sont sur lui. Il habiterait dans le 9ème arrondissement de **Paris** depuis cinq ou six ans et il partagerait son appartement avec un ami, lui aussi extrémiste. »

« Intéressant **Serge**, très intéressant, continue… »

Je sens que **Serge** est gêné mais il continue.

« Au moment de l'attentat du **Louvre** il venait tout juste de rentrer du **Pakistan** et on a eu du mal à le localiser pendant cette période. Il est réapparu le lendemain de l'explosion ! »

« Paradoxalement c'est génial **Serge** et j'espère vraiment que c'est la bonne piste que nous suivons et que ce type est bien celui qu'on recherche depuis des années. J'aurais au moins le sentiment d'avoir servi à quelque chose dans l'enquête sur la mort de ma famille. »

« Arrête **Jacques** ! Tu n'as rien à te reprocher et rien à prouver. Tu as déjà fais du très bon boulot et pour nous cela ne sert plus à rien que tu ailles te compromettre en banlieue. Il faut que tu penses un peu à toi et surtout à ta nouvelle chérie ! »

« Je veux bien **Serge** mais faut rien lâcher. Tu ne crois pas que ce serait bon que je replonge un peu et que je revois mes trois types. Ils pourraient m'en apprendre un peu plus non ? »

« **Jacques,** je te le demande comme un service. Tu nous fais confiance oui ou non ? »

« Bien sûr **Serge** mais… »

« Mais quoi **Jacques** ? On a repris la main à la *boîte* et on a du monde pour les filocher ! Alors tu n'as plus aucune raison de prendre des risques inutiles… »

« Ok ! C'est toi le boss mais s'il te plaît tiens moi au courant et si tu as besoin n'hésite pas à me contacter ! »

Nous passons instantanément du professionnel à l'intime et je réponds sans problème aux questions de **Serge** à propos de **Laëtitia** et de moi. Je ne formalise pas car c'est un ami et je sens bien qu'il a besoin d'être rassuré sur mon devenir. **Serge** profite de mes confidences pour m'annoncer qu'il est dans une relation sérieuse et qu'il est finalement tombé amoureux de la fille de la concierge de son immeuble. Mais le pire dans cette histoire, c'est que tel Pierre **Richard** dans *Je suis timide mais je me soigne*, il a mis des mois à l'inviter à boire un verre mais qu'aujourd'hui c'est une belle histoire qu'ils sont en train d'écrire.

Je sens bien qu'à sa manière d'en parler lui aussi est amoureux. Du coup il m'invite à venir dîner demain soir chez lui avec **Laëtitia**. Il veut avoir mon avis. Nous décidons d'une heure et continuons à bavarder pendant plus de deux heures. Un brin taquin je lui sers du Pierre **Richard** mais il sait qu'à ma façon je le remercie d'avoir baissé sa garde et laissé parler son cœur pour dévoiler un pan de sa personnalité.

Siège d'Interprotect, Paris, 11/07/2006 – 15H

Ça me fait tout bizarre d'entrer dans cet immeuble et de voir, assise derrière son bureau, la femme avec qui l'on vient de passer la nuit… ce que personne ici ne sait.

Depuis mon retour sur **Paris** je loge chez **Laëtitia**. Ça m'a fait quelque chose de découvrir son intimité, de la décoration de son nid douillet à l'odeur qui y règne. L'appartement de **Laëtitia** est clair, bien rangé et joliment décoré avec un mobilier contemporain. Je m'y sens bien !

« Bonjour **Laëtitia**, j'ai rendez vous avec M **Barnett** ! »

« Bonjour monsieur **Mandrier**, asseyez vous je le préviens de votre arrivée ! »

Je mets quiconque au défi de savoir qu'un lien quelconque nous unit. Naturelle dans son comportement elle donne le change comme peu sont à même de le faire. En moins de cinq minutes me voilà installé dans le bureau de M. **Barnett**.

« **Jacques,** cela me fait plaisir que vous m'ayez à nouveau contacté pour un travail. Surtout que tous nos clients dont vous avez eu à vous occuper là bas n'ont pas cessé de mettre en avant votre professionnalisme. »

« Après la mort de **Grégoire** j'avais besoin d'un break mais je suis sûr que vous me comprenez… »

« Bien évidemment **Jacques**. **Grégoire** était quelqu'un de bien ! »

« Plus que ça M. **Barnett**, c'était un type formidable et j'avoue que son décès m'a beaucoup touché ! Qu'avez-vous à me proposer ? »

« Un contrat de six semaines **Jacques** afin d'escorter deux industriels de l'**Éthiopie** à **Djibouti** en passant par le **Yémen** puis le **Liban !** Si vous acceptez **Jacques**, départ prévu le cinq août et bien évidemment nous gérons tout ! Alors ? Des questions peut-être ? »

Il ne me laisse pas répondre et reprend.

« Sachez également que vous n'êtes pas seul sur cette mission puisqu'il y a déjà **Nathan** que vous connaissez pour avoir travaillé avec lui en **Irak**. »

Il vient de marquer un point.

« Pour quelle société travaillent nos deux clients et j'aimerais des précisions sur leurs activités ? »

« La société ? *Arcale* ! Une entreprise de pointe dans les nouvelles énergie, le solaire, tout ça quoi… Ils veulent implanter dans ces pays des centrales électriques ne fonctionnant qu'avec l'énergie solaire, solution d'avenir s'il en est ! »

« Ok M. **Barnett** vous pouvez compter sur moi. Si j'ai bien compris je laisse mon passeport à votre secrétaire afin qu'elle s'occupe des visas ? »

« Tout à fait **Jacques.** Je vois que vous n'avez pas changé mais sachez toutefois que vous toucherez 300,00 euros par jour, tous frais payés. Je vous propose de rencontrer **Nathan** ici vers la fin du mois de juillet afin de finaliser votre mission. Le 22 juillet à onze heures, ça vous convient ? »

« Parfait pour moi ! »

Je rejoins **Laëtitia** qui n'est pas surprise près de me voir lui confier mon passeport. Malgré ses craintes nous avons beaucoup discuté tous les deux et elle sait que j'ai un besoin viscéral de ce type de missions. Elle a même convenu que nos retrouvailles n'en seront que plus fortes.

Tout juste sorti du siège d'*Interprotect* je rejoints la brasserie de mon premier café avec **Laëtitia**. Je commande une pression et une fois servi je compose le numéro de **Nathan**. En tout juste deux sonneries il répond.

« **Nathan** ? **Jacques**, Jacques **Mandrier** ! »

« Oh **Jacques**, comment vas-tu ? »

« Très bien **Nathan**, je sors du bureau de… »

Il ne me laisse même pas finir.

« Putain génial et tu es donc le second sur la mission du 5 août ? »

« Exact **Nathan**. Plaisir partagé à ce que je vois ? Écoutes **Nathan**, M. **Barnett** m'a fixé rendez-vous le 22 juillet pour que nous mettions au point la mission mais si tu es sur **Paris** avant cette date j'aimerais bine qu'on se voit avant ! Qu'en penses tu ? »

« Pas de souci **Jacques**, je peux être là après-demain, ça te convient ? »

« Parfait pour moi. À dans deux jours alors, ciao, ciao ! »

Une conversation sans temps mort, comme je les aime. **Nathan** m'a confirmé que je pouvais compter sur lui et dans nos boulots c'est essentiel. Aucune question parasite, juste le strict nécessaire.

Je jette un rapide coup d'œil à ma montre et il me reste une heure à attendre avant que **Laëtitia** ne finisse son travail. J'en profite pour aller acheter une bonne bouteille de vin et un bouquet de fleurs pour le repas de ce soir chez **Serge**. J'ai hâte de découvrir cette **Cécile** dont il m'a fait l'éloge et qui semble avoir dompté ce *Don Juan* terrible qui a dû séduire la moitié des jolies femmes de **Paris** depuis que je le connais !

Paris 16ème arrondissement, 11/07/2006 – 21H

Nous sommes installées depuis une demie-heure à siroter notre apéritif en compagnie de **Serge** et de **Cécile.**

C'est un petit bout femme d'à peine 1m60 qui dégage un charme fou avec ses yeux rieurs et ses deux fossettes aux joues qui se creusent lorsqu'elle sourit. Comme quoi on pense parfois connaître les gens mais lorsqu'on ne les fréquente que dans le milieu professionnel on ne connaît finalement qu'un pan de leur personnalité, que la face visible de l'iceberg. Et là ça se confirme car je découvre **Serge** sous un autre jour.

Celui que je fréquente depuis presque vingt ans est un homme dynamique, sûr de lui et de son charme un presque macho dans ses rapports avec les autres et là, face à moi, j'ai un homme attentionné et doux. Il est aux petits soins pour celle qu'il aime. Il nous accueille chez lui et on sent qu'il aime recevoir car non seulement il a mis les petits plats dans les grands mais il sait aussi mettre ses invités à l'aise. Il garde ce charisme qui se dégage naturellement de lui et qui ne cache en rien toute la douceur et la tendresse qu'il est capable de donner.

La soirée est très agréable et on parle de tout sauf de boulot et surtout je me régale à titiller **Cécile** afin qu'elle nous raconte comment **Serge** s'y est pris pour l'inviter la première fois ! Les yeux de mon ami brillent et je ne pense pas que cela ne soit dû qu'à l'excellent vin rouge qu'il nous a servi mais également à ce bonheur et cet amour qu'ils connaissent ! Je le comprends et je me doute bien que dans mes yeux il doit y avoir les mêmes étoiles. Je profite que les filles soient en cuisine à préparer le café pour donner à **Serge** la réponse à la question qu'il n'ose même pas me poser mais que ses yeux implorent !

« Je te confirme **Serge** qu'elle est adorable et très mignonne,. Vous faites un très beau couple et vos yeux brillent du même amour. Tellement beau à voir et à partager… »

Et voilà comment, dans les yeux d'un agent du service action de la *DGSE* on arrive à voir encore plus d'étoiles ! C'est beau un homme de cette trempe qui se dévoile et qui laisse transparaître ses sentiments sans fausse pudeur.

Aéroport Roissy Charles de Gaulle, 05/08/2006 – 10H

Je suis avec **Nathan** que j'ai bien rencontré comme prévu le 22 juillet mais aussi quelques jours avant notre départ. Nous avons pris le temps de parler du retour d'expérience de notre séjour commun en **Irak** avant de dégrossir notre nouvelle mission. Parfois il y a des mots que l'on ne peut prononcer qu'avec des personnes ayant partagé la même histoire et avec **Nathan** nous avons aussi beaucoup parlé de **Greg** sans oublier de boire quelques verres à sa mémoire. Aujourd'hui l'aventure redémarre et après ces quelques mois passés au quotidien avec **Laëtitia** je sais que ça va être dur de se remettre dans le bain de l'action et de laisser ceux que l'on aiment derrière, de quitter son pays… ça devient de plus en plus difficile pour moi.

Nous sommes dans le salon *VIP* de *RCG* à attendre nos deux clients. Avec **Nathan** nous avons étudié les transits, les itinéraires sans manquer de répertorier toutes les ambassades ainsi que les camps militaires tout comme les dispensaires. Cela nous a permis d'établir une liste de tous les numéros de téléphone par pays ou par zone traversé. Pour cette mission nous ne sommes pas armés car nous assurons juste de l'accompagnement pour rassurer nos clients.

Les portes automatiques du salon VIP s'ouvrent et laissent apparaître M. **Barnett** qui s'approche d'un bon pas accompagné par deux hommes âgés tout au plus d'une trentaine d'années et d'allure à tout le moins imposante. Allure imposante ? L'expression est faible en ce qui les concerne et c'était sûr que leurs dictionnaires persos ne contenaient ni le mot sport ni même entretien physique ! À eux d'eux ils devaient bien taper le quart de tonne… voire le dépasser ! M. **Barnett** me sort de mes réflexions en s'adressant à nos clients.

« Messieurs je vous présente Jacques **Mandrier** et Nathan **Faure**. Ils sont en charge de votre accompagnement pendant votre voyage d'affaire ! »

Puis se tournant vers nous.

« **Jacques**, **Nathan** voici messieurs **Legros** et **Laborie**… »

Ces présentations sommaires faites le boss prend congé de nous. Sans plus attendre nous rejoignons tous les quatre notre porte d'embarquement, direction **Djibouti**. Nous avons devant nous huit heures de vols qui nous permettront de faire plus ample connaissance avec nos clients. Même si **Nathan** et moi-même avons été surpris par l'apparence des deux compères ces derniers se révèlent vite être deux bons gars. Deux intellectuels certes, mais souriants et ouverts et qui nous confient rapidement que pour eux ce voyage est une véritable aventure car ces deux ingénieurs spécialistes du solaire n'ont jamais quitté la **France**.

Alors que nous nous installons à nos places l'un deux prend la parole.

« Écoutez, je pense que cela sera plus facile pour nous si l'on s'appelait par nos prénoms. Je m'appelle **Gilles** et M. **Laborie** se prénomme **Philippe**, donc si vous n'y voyez pas d'inconvénient… »

« Aucun souci **Gilles**, moi c'est **Jacques** et voici **Nathan** ! »

Maintenant bien installés j'attends que nous ayons décollé avant de reprendre la parole.

« **Gilles**, **Philippe**, pour que que tout se passe au mieux **Nathan** et moi souhaiterions que vous appliquiez strictement les recommandations que je vais vous faire. »

Ils acquiescent d'une seule et même voix.

« Pensez sans faute à nous prévenir la veille de tous les déplacements que vous souhaitez faire. Ne quittez jamais l'hôtel sans être accompagnés de l'un de nous deux et appliquez toujours les règles de sécurité que nous vous donnerons. Maintenant pas de panique car les pays où nous allons ne sont pas spécialement dangereux pour des français d'autant plus pour vous qui venaient proposer vos compétences. Sachez enfin que de toute manière nous nous adapterons toujours à votre emploi du temps, même de dernière minute ! »

Le voyage se déroule sans encombre même si nous constatons que nos accompagnés sont un peu crispés à l'atterrissage. Même pas dix minutes après être descendus de l'avion je constate que nos deux *amis* suent à grosses goûtes. C'est sûr qu'ils ne s'attendaient pas à cette chaleur humide caractéristique de ce pays. Nous les laissons souffler et avec **Nathan** nous nous occupons de récupérer leurs bagages. Nous nous retrouvons à l'extérieur où la chaleur n'est même plus étouffante mais accablante et après avoir marchandé avec deux taxis nous voici en route vers l'hôtel *Sheraton* situé sur le **plateau du serpent**.

Philippe avec qui je suis dans le taxi de tête n'en revient pas. Cette odeur, ce taxi qui n'a jamais vu un contrôle technique de sa vie et les animaux dans les rues, tout l'émerveille. Arrivés à l'hôtel nous devons faire face à un problème. Bien que nous ayons réservé quatre chambres contigües quelle n'est pas ma surprise de constater que deux d'entre elles sont à un étage différent. Nous voilà donc à parlementer avec la direction de l'hôtel qui d'intransigeante devient compréhensive après le versement d'un bon *bakchich* qui nous permet d'avoir satisfaction.

Décidément l'**Afrique** reste l'**Afrique**.

Cela me fait quelque chose de me retrouver ici à **Djibouti**. En effet, depuis que j'ai quitté l'armée c'est la première fois que je reviens dans ce pays où j'ai fait tant de séjours. Nous laissons nos clients au bar, en sécurité, et avant de nous installer nous faisons le tour de l'hôtel avec **Nathan** pour étudier toutes les issues de secours puis vérifier les chambres de **Gilles** et de **Philippe** avant de les y faire monter. Au cours du dîner nous instaurons avec eux un mot code à donner s'ils étaient amenés à parler sous la contrainte et nous leurs demandons de fermer systématiquement leurs portes à clés.

Le lendemain matin, après le petit déjeuner, je laisse **Nathan** avec nos clients et je file au centre ville réserver deux véhicules de location. Je choisis deux 4x4 car je connais l'état des routes et des pistes de ce pays, ce ne sera pas du luxe. Aidé par un employé de la société de location, je ramène les deux véhicules à l'hôtel. A 10 heures nous nous retrouvons tous dans la chambre de **Philippe** afin de mettre au point notre séjour. Nous devons rester dans le pays une dizaine de jours et même si beaucoup de rendez-vous auront lieu ici à l'hôtel nous devons également nous rendre à **Tadjourah**, **Obock** et **Dickil** pour des visites de sites. En outre, ils doivent rencontrer le ministre des affaires étrangères et le ministre de l'industrie du pays afin de finaliser le contrat de partenariat entre leur société et l'état djiboutien.

Je profite que nos clients veulent se reposer ce matin pour laisser **Nathan** et partir à l'*unité marine* afin de prévenir les militaires de notre présence et peut-être récupérer du petit matériel. Une fois sur place je demande une entrevue avec l'officier en second qui me reçoit très cordialement.

Je lui explique le but de notre séjour et notre intention de circuler dans le pays. Il m'annonce qu'il va se charger de prévenir l'état-major des *FFDJ* (forces françaises de **Djibouti**) et me demande de bien penser à prévenir la prévôté (gendarmerie française) à chacun de nos déplacements. Après avoir vu avec lui certains détails je prends congé. Alors que je m'apprête à sortir j'entends quelqu'un qui crie mon nom.

« **Jacques**, oh **Jacques** qu'est-ce que tu fais là ? »

Je n'ai pas besoin de me retourner pour reconnaître la voix d'**Alain**, mon fidèle ami, qui est toujours au commando et dont j'avais oublié qu'il était en séjour ici. Nous tombons dans les bras l'un de l'autre et il m'invite au mess des officiers-mariniers où nous voilà installés sous le *cotam* qui balaie l'air chaud. De le retrouver ici me fait du bien et en même temps j'ai mon petit coup de blues sur mon ancienne vie. **Alain** est véritablement très heureux d'apprendre que j'aime à nouveau. Il me dit qu'en juin il a vraiment bien aimé la première impression que lui a faite **Laëtitia**. Je lui explique le but de ma présence et ce dernier me propose sans hésiter ses services.

« **Jacques**, si tu as besoin de quoi que ce soit n'hésites surtout pas ! »

Bien sûr que j'ai besoin de lui et sans retenue je lui expose mes besoins. Il me procure une trousse de première urgence qui comprend tout le nécessaire, de la mise en place d'une perfusion à la désinfection bénigne… tout y est ! En complément il me fournit un carton de boîtes de rations et des cartes du pays avec l'emplacement des postes *FFDJ* et une photocopie des numéros d'urgence du pays.

Sur le chemin du retour à l'hôtel je suis heureux de constater encore une fois que l'amitié est vraiment la plus belle des richesses. Notre séjour à **Djibouti** se passe très bien mais il est vrai que des différents pays que nous devons faire c'est celui où le risque est le moins grand.

Nos clients sont des bons vivants que nous devons parfois canaliser, surtout le soir, tant leur tentation de s'encanailler dans les bars louches de la ville est grande. Nous préférons qu'ils se fassent plaisir dans la boîte de nuit de l'hôtel où la clientèle est filtrée et pour nous c'est plus facile.

Un soir je réussis à dîner au restaurant de l'hôtel avec **Alain** et cinq anciens compagnons des commandos. Belle soirée d'initiés même si **Nathan**, **Philippe** et **Gilles** étaient parmi nous. Pour ces deux derniers tout cela devenait une aventure extraordinaire.

Les dix jours sont passés à une vitesse folle et tous nos déplacements à l'extérieur se sont bien passés.

Comme par hasard nous tombions toujours sur une escouade des commandos en exercice dans le coin. À croire qu'**Alain**, *officier opérations* du commando les avaient planifiés par rapport à mes déplacements !

Ce dont j'ai eu confirmation avant mon départ…

Addis Abeba, Éthiopie, 16/08/2006 – 13H

C'est un pays en guerre dans lequel nous nous trouvons maintenant et nous devons redoubler de vigilance. Sans les alarmer nous insistons bien sur les mesures de sécurité auprès de **Philippe** et **Gilles** qui nous font confiance. Mais avec eux je en me fais pas trop de souci car nous sommes tombés sur deux personnes intelligentes. Nous sommes au *Hilton*, un établissement de luxe.

Durant notre séjour nous devons nous rendre à **Moyalé** dans le Sud puis à **Gonder** dans le Nord. Ici, pas d'armée française pour nous aider et nous prenons donc contact avec l'ambassade de **France** qui s'occupera de nous octroyer une escorte pour chacune de nos sorties en dehors de la ville. Là encore notre séjour se passe très bien et entre nous règne maintenant une atmosphère de franche rigolade, même si **Nathan** et moi devons rester concentrés sur notre mission, ce que nous faisons !

Beyrouth, Liban, 08/09/2006 – 12H30

Le **Yémen** et nos trois jours à **Sanaa** tout comme notre séjour ici à **Beyrouth** ressemblaient plus à des vacances qu'à une mission de protection même si nous sommes toujours restés sur nos gardes et demain, déjà, nous reprenons l'avion pour la **France**. Notre aventure prend fin !

Si au niveau professionnel cette mission n'a rien eu d'exceptionnel à contrario, sur le plan humain, elle a été exceptionnelle. Au-delà des gens que nous avons rencontrés au **Yémen**, en **Éthiopie**, à **Djibouti** et ici au **Liban**, nos six semaines avec **Philippe** et **Gilles** ont été un pur bonheur. Pourtant rien au départ ne nous rapproche.

D'un côté deux intellectuels qui vivent dans leur monde de logarithmes, qui fréquentent une élite à leur image, pas sportif pour un sous et abonnés à *sciences et vie* et qui n'étaient jamais sorti de **France** quand de l'autre deux baroudeurs pour qui l'école n'est qu'un lointain, très lointain souvenir, férus de sport, qui ont roulé leur bosse à travers le monde sur des théâtres d'opérations et dont la principale drogue est l'adrénaline… abonnés à l'*Équipe*.

Et pourtant la mayonnaise a bel et bien pris, la magie a fonctionné parce que tous les quatre donnions le même sens au mot amitié ! Cinq semaines à découvrir l'autre, à l'écouter.

En parlant de ça je dois avouer que lorsque **Philippe** ou **Gilles** parlaient d'énergie solaire, de rayonnements et de récupération de chaleur ou de centrales électriques… ils y mettaient une telle passion que nous ne pouvions rester insensibles. Aussi surprenant que cela puisse paraître **Nathan** et moi nous nous sommes souvent surpris à être complètement absorbés par ce qu'ils nous expliquaient et ils nous ont rendu la politesse quand nous évoquions nos aventures. Ils étaient là, bouches bées, accrochés à nos lèvres ! Pour eux nous étions un mélange de James **Bond**, John **Wayne** et de soldat **Ryan**… là, devant eux en chair et en os !

Toute cette histoire n'était rien d'autre qu'une histoire de partages, d'émotion, d'histoires et de passions.

Ce soir là autour de notre table du restaurant de l'hôtel, le *Novempick*, nous levons nos verres à cette rencontre de deux mondes. Comme quoi parfois la vie est magique et là dans ce pays en guerre permanente se retrouvent quatre types que tout oppose apparemment mais qui trinquent à leur nouvelle amitié.

Roissy Charles de Gaulle, 09/09/2006 – 18H

Depuis notre départ de **Sanaa** ce matin je n'arrive pas à contacter **Laëtitia**. À chacun de mes essais je tombe de suite sur sa messagerie et elle n'a répondu à aucun de mes *SMS*. Pendant mon séjour nous avons pu communiquer et nos échanges de mails ou nos quelques conversations ont adouci ces quelques semaines loin d'elle. Nous étions rentré dans un rituel avec un *SMS* envoyé par le premier qui se réveillait.

Et là, rien, aucun retour…

Depuis notre atterrissage je suis de plus en plus inquiet. Ça n'est pas d'elle de ne pas me répondre. Dès les *douanes* franchies j'aperçois M. **Barnett** et j'ai le secret espoir que **Laëtitia** l'aura accompagné pour me faire la surprise…

Mais elle n'est pas là.

Nous échangeons les civilités d'usage et sans attendre le boss s'inquiète du bon déroulement de la mission. **Gilles** ne nous laisse pas le temps de répondre et prend la parole.

« On ne peut mieux M. **Barnett** ! Avec les personnes à qui vous aviez confié notre sécurité on aurait pu aller au bout de l'**Afghanistan**, au **Pôle Nord** même et sans aucune peur ! »

« Heureux de l'entendre, enfin une bonne nouvelle aujourd'hui ! »

Cette réponse me prend au ventre car j'ai un pressentiment. **Nathan** interpelle M. **Barnett**.

« Des soucis sur une mission en cours boss ? »

« Non pas du tout **Nathan** mais ma collaboratrice s'est fait renverser par une voiture ce matin et elle est à l'hôpital ! »

Je reçois un uppercut en plein cœur.

« **Laëtitia** ? Vous parlez de **Laëtitia** ? Où a-t-elle été transportée ? »

Je vois bien que M. **Barnett** est surpris de mon intérêt mais il se contente de me répondre, bref, précis.

« Elle a été transportéc à l'hôpital **Bichat** dans le $18^{\text{ème}}$… »

Nathan, à qui j'avais parlé de **Laëtitia**, comprend la situation et ne laisse pas M. **Barnett** finir sa phrase.

« Allez **Jacques**, on y va j'ai ma voiture au second sus-sol, je t'amène. Je sais où ça se trouve ! »

Nous prenons congé dans l'urgence puis nous partons au pas de course et le trajet vers l'hôpital **Bichat** me semble durer une éternité car nous sommes ralentis par les embouteillages de fin de journée. Je ressens à nouveau ce sentiment d'impuissance qui fait que j'ai l'impression de ne servir à rien…

Subir sans pouvoir réagir !

Hôpital Bichat, 09/09/2006 – 20H30

La voiture de **Nathan** n'est pas totalement arrêtée que je saute et fonce vers l'accueil d'où l'on me dirige vers le service où **Laëtitia** est prise en charge. Je me trouve face à une porte sécurisée où un panneau annonce que les visites ne sont plus autorisées après 19 heures ! Par chance je profite qu'une aide soignante sorte pour me précipiter vers une infirmière qui m'arrête d'un geste.

« Vous allez où monsieur comme ça ? Les visites ne sont plus autorisées ! »

« Bonjour madame je suis le compagnon de madame **Kourokopf** qui a été admise ce matin… »

Elle ne me laisse pas finir.

« Monsieur ! Qui que vous soyez c'est un service de traumatologie et les visites sont réglementées… »

À mon tour de la couper.

« J'en suis conscient madame mais je rentre tout juste d'un séjour à l'étranger… je sais que les visites sont terminées mais je vous en supplie laissez moi la voir, juste deux minutes, j'ai besoin de la voir ! »

J'ai haussé le ton et je le regrette. Conciliante elle interpelle un homme d'une quarantaine d'année qui passe dans le couloir, stéthoscope au cou. Un docteur sans doute.

« Doc ! J'ai ce monsieur qui me dit revenir d'un séjour à l'étranger et qui souhaiterait voir son amie… »

« Donnez moi le nom de la patiente **Martine** ! »

Il est péremptoire et à l'annonce du nom de **Laëtitia** il se tourne vers moi.

« Exceptionnellement je vous autorise à la voir mais pas plus de trois minutes. Elle a besoin de repos ! »

Puis se tournant vers l'infirmière.

« **Martine**, merci d'accompagner monsieur… »

Puis sans rajouter quoique ce soit il part d'un pas assuré. Il ne m'a même pas laissé le temps de le remercier.

Je suis **Martine** le long du couloir aux lumières tamisées. Mon cœur bat la chamade et l'infirmière me laisse devant la porte derrière laquelle je vais pouvoir retrouver **Laëtitia**. J'ouvre la porte sur une pièce sombre dans laquelle il n'y a qu'un seul lit.

Laëtitia est là, allongée, la jambe droite dans une gouttière suspendue et une perfusion à poste dans son bras droit. Un moniteur suit ses constantes et ses battements sont réguliers, ça me rassure. Je m'approche à pas de loup et je découvre le visage de la femme que j'aime couvert d'ecchymoses. Sa respiration est régulière, lente et alors que j'approche mes lèvres des siennes et sans même qu'elle n'ouvre les yeux je l'entends murmurer.

« **Jacques**, mon amour… pardon ! J'étais tellement heureuse de te voir ce soir et j'avais prévue mille choses… »

Elle finit par ouvrir ses yeux baignées de larmes et de son bras libre elle me caresse le visage.

« Chut… ne parle pas mon ange, tout va bien je suis là maintenant, ne t'inquiètes plus car je vais m'occuper de toi ! »

Elle me prend la tête et approche ses lèvres de mon oreille.

« Ne t'inquiètes pas **Jacques**, je suis fatiguée et j'ai juste une mauvaise fracture mais le plus important c'est que le bébé n'a rien… »

Chez Serge, Paris, 10/09/2006 – 19H30

Hier au soir après l'annonce de la grossesse de **Laëtitia** il m'a fallu un long moment avant de reprendre pieds.

J'étais abasourdi !

En moins de trois heures je suis terrassé par l'annonce de l'accident de **Laëtitia** avec l'impression que tout recommence et que la vie va à nouveau m'interdire d'être heureux puis l'instant d'après j'apprends que je vais être père ! Je me suis assis près d'elle, submergé par l'émotion. J'étais tout simplement heureux et je suis resté là un long moment à ses côtés à lui tenir la main et à l'écouter me raconter son histoire. Même l'infirmière n'y a rien trouvé à redire lorsqu'elle est passée car elle a compris que **Laëtitia** avait besoin de ma présence.

J'ai fait un gros effort pour ne pas montrer ma rage à **Laëtitia** lorsqu'elle m'a parlé de ce chauffard ivre qui ne l'a pas vue s'engager sur le passage protégé et qui l'a percutée. La fracture tibia-péroné et les ecchymoses sont là pour attester de la violence du choc mais le bébé n'a rien et c'est l'essentiel. D'après l'échographie, elle serait enceinte depuis deux mois et demi environs.

Je ne suis parti de l'hôpital qu'aux environs de 22 heures et à ma grande surprise j'ai retrouvé **Nathan** assis sur une chaise, face à l'accueil. Décidément je ne suis entouré que de personnes formidables. Lui comme moi avions hâte de retrouver les nôtres, mais non, il a préféré m'attendre pour savoir si tout allait bien.

Dès mon réveil j'ai fait livrer à **Laëtitia** un magistral bouquet de fleurs, avec un seul et petit mot : *Merci !*. Je me devais bien de remercier cette femme qui me redonnait l'opportunité d'être père à nouveau et quelque part de donner un frère à mon **Paul**. J'avais passé l'après midi au chevet de **Laëtitia**. Elle allait mieux et les médecins prévoyaient de la faire sortir d'ici deux jours à la condition que quelqu'un puisse s'occuper d'elle… j'étais là !

Serge et **Cécile** sont aux petits soins avec moi mais je ne leur ai rien dit de l'heureux événement à venir. Je laisse la primeur de cette annonce à **Laëtitia**. **Serge** profite de ce que **Cécile** soit occupée en cuisine pour me donner des nouvelles de l'affaire.

« On a bien progressé tu sais **Jacques** ! On a démantelé le réseau complet qui a planifié l'attentat, découvert leurs caches, les plans et les photos du musée. On a cinq types à l'isolement à **Fresnes** mais on n'a toujours pas mis la main sur **Mustapha** ! »

Il boit une gorgée du vin que j'ai apporté, le déguste puis reprend.

« On a maintenant la certitude que c'est bien lui et son meilleur ami, **Ahmad**, qui ont posé l'engin explosif et j'attends toujours une photographie des deux mais la *DST* traine un peu à me les fournir. »

« Mais qu'est-ce qu'ils foutent **Serge** ? »

« Ne t'inquiète pas je gère et dès que je les ai je t'appelle pour te les présenter ! »

« Et l'adresse qu'on avait ? »

« C'était l'adresse d'un des gars qu'on a embastillé et **Mustapha** n'y allait que rarement pour dormir. Il s'en servait principalement de boîte aux lettres. »

« Si seulement on pouvait mettre la main sur ces fils de putes ! »

Je sens tout mon corps qui frissonne lorsque je prononce cette phrase. J'ai envie de tuer, de faire payer et de faire souffrir les assassins de **Paul** et de **Katia**.

« On les aura **Jacques**, on les aura ! »

Puis **Serge** s'empresse de changer de sujet et profite du retour de **Cécile** pour m'annoncer leur mariage ! Je bondis de mon siège pour embrasser la future mariée puis mon ami, je suis tellement content pour eux.

Nous finissons la soirée dans la bonne humeur et je ne peux m'empêcher de taquiner **Serge** sur la fin de sa vie de vieux baroudeur célibataire. J'arrive à lui glisser discrètement qu'il va lui falloir envoyer des messages aux nombreuses femmes cachées qu'il a à travers le monde où qu'il change de numéro voire d'identité… ça le fait rire.

Cimetière de Keryado, 05/11/2006 – 15H

C'est la première fois que **Laëtitia** vient avec moi pour rendre visite **Paul** et **Katia**. J'en avais envie, envie de leur présenter celle que j'aimais maintenant mais qui ne me les a pas fait oubliés, bien au contraire, car ils étaient présents tous les jours dans mes pensées.

J'hésite à parler mais **Laëtitia** m'y invite d'une pression sur l'avant bras.

« **Paul**, **Katia**, voilà **Laëtitia** dont je vous parle depuis quelques mois. C'est bien elle qui m'a redonné goût à la vie alors je tenais à vous la présenter ! Mais rassurez vous je vous aime comme au premier jour et ne cesserai jamais de vous aimer ! »

La situation est particulière, c'est sûr, forte à vivre et **Laëtitia** est si conciliante dans cette situation que j'en arrive à penser qu'elle est la réincarnation de **Katia**. Elles sont si semblables, à part le physique, mais avec la même sensibilité, la même tendresse, et un mélange de douceur et de force de caractère.

Je les aime !

J'en profite aussi pour annoncer à **Paul** qu'il va avoir un petit frère ou une petite sœur et que je compte sur lui pour veiller sur cet enfant à venir. Je suis tellement accaparé que je ne me suis même pas rendu compte que **Laëtitia** pleurait discrètement. Du revers de la main j'essuie ses larmes puis elle se penche à mon oreille.

« C'est beau **Jacques**. Il fallait voir ton visage lorsque tu leur parlais. Ton visage rayonnait, et tu semblais si heureux ! »

« Grâce à toi mon amour. »

Nous sommes restés un long moment silencieux avant de quitter le cimetière.

Chez Charlie, 05/11/2006 – 20H

Nous sommes à l'heure et c'est **Charlie** qui nous accueille. Il jette un rapide coup d'œil à **Laëtitia** dont la silhouette ne peut que la trahir et sans prévenir il se met à tonitruer.

« Oh les cachotiers, oh les *chiasses* ! Ils ne m'ont rien dit… mais comment vouliez-vous cacher ça, alors que la petite a un ballon de rugby à la place du ventre ? »

Du coup il m'ignore et prend délicatement **Laëtitia** à bras le corps sans même tenir compte de ses béquilles… C'est mon **Charlie** ça, exceptionnel !

Caroline nous a rejoint, ses yeux brillent d'émotion et à sa manière de me serrer dans ses bras je sens une tonne d'amour plus une tonne de joie et une autre d'amitié… soient trois tonnes de sentiments que je prends plein fer ! Et en ce jour je comprends que si le téléphone arabe est connu, que dire du téléphone breton moins réputé certes, mais tout aussi efficace ! En même pas une heure le repas à quatre vire au réveillon de fin d'année car nos amis, prévenus par **Charlie**, accourent avec femmes et enfants !

Le champagne coule à flots et égaie la soirée et **Laëtitia** est la cible d'adorables moqueries… elle en profite pour apprendre qu'elle n'est pas prête de remettre du 36 ni même ses talons aiguilles mais elle annonce haut et fort qu'un enfant vaut bien ça !

Notre passage en **Bretagne** est un véritable rêve. Je prends soin de **Laëtitia**, elle est aux anges. En milieu du séjour je m'étais rendu seul, à la demande de **Laëtitia**, pudique et compréhensive, chez les parents de **Katia**. Je me devais de leur annoncer la nouvelle, pure question de correction. Je suis arrivé en même temps que **Michèle** que j'ai retenue pour lui annoncer la grossesse de **Laëtitia**. Elle a très bien accueilli la nouvelle. Intelligente elle comprenait bien que la vie suivait son cours et que personne n'avait le droit de m'empêcher d'aimer et d'être heureux.

Rassuré nous sommes montés rejoindre le reste de la famille et dans l'escalier j'ai ressenti une appréhension qui a rapidement cessé lorsque la porte s'est ouverte sur la mère de **Katia**. Sans même me laisser le temps de parler elle m'a pris dans ses bras.

« **Jacques**, comme je suis heureuse pour toi, pour vous deux… vous trois ! »

Le téléphone breton avait là encore bien fonctionné. En me retournant, le sourire de **Michèle** me fait comprendre qu'elle savait mais comme me le confirmera un peu plus tard elle voulait voir ma réaction lorsque je comprendrais que même ses parents acceptaient la situation. Après la mère de **Katia** c'est au tour de **Francis** de me rassurer.

« **Jacques,** tu as toujours été un mari et un père exemplaire. La vie t'a retiré ce double bonheur alors si aujourd'hui le destin fait chemin inverse je ne peux que m'en réjouir car tu le mérites ! Je t'ai toujours considéré comme mon propre fils alors je suis heureux, très heureux pour toi et **Laëtitia**. »

Paris 15ème, 03/03/2007 – 10H30

Je retrouve **Gilles** et **Philippe** à la brasserie *Lutetia*. Depuis notre retour nous sommes restés en contact et voici une semaine ils m'ont annoncé qu'ils voulaient me voir, sans plus de précisions ! Curieux comme je suis mais habitué à ne pas poser de questions quand on me fait comprendre qu'on ne m'en dira pas plus je n'ai pas fermé l'œil de la nuit…

Laëtitia va mieux, mis à part les plaisirs de la grossesse, et c'est l'esprit tranquille que je me rends au rendez-vous que les deux acolytes m'ont fixé.

Les retrouvailles sont chaleureuses et en habitués des lieux qu'ils sont nous avons droit à une superbe table. De là, confortablement installés dans les fauteuils de cuir noir, j'admire la décoration chromée, signée *Slavik* et *Sonia Rykiel* et qui a fait de cet endroit un must des points de rencontre tout **Paris**. Je me délecte de la vue offerte par les grandes baies vitrées qui donnent sur l'animation de ce quartier de **Saint Germain des prés**.

Depuis mon retour en **France** je n'ai pas retravaillé, tout à m'occuper de **Laëtitia** et à attendre que notre enfant naisse. J'ai bien une petite idée du pourquoi de ce rendez-vous et me voilà donc face à mes deux conspirateurs au sourires narquois. **Philippe** commence.

« Alors cet accouchement **Jacques**, c'est pour bientôt non ? »

« Quinze jours **Philippe**, quinze longs jours ! »

« Bon écoute **Jacques**, on ne va pas tourner autour du pot pendant des heures. Notre société à besoin d'un responsable régional dans le grand Ouest soit de **Bordeaux** à **Saint-Malo**. Cette personne devra gérer les différentes équipes commerciales et techniques mais aussi organiser la répartition des chantiers, par secteurs de travail, et faire l'interface avec le siège de **Paris**. Avec **Philippe** on a pensé à toi pour le poste ! »

« Hey les gars, vous êtes bien sûr que vous vous adressez à la bonne personne. Je n'y connais rien moi à votre boulot… les énergies nouvelles, le solaire, l'installation etc. tout ça que charabia pour moi ! »

C'est **Gilles** qui me répond.

« Mais on ne te demande pas de vendre nos produits, encore moins de les installer. On a juste besoin d'un meneur d'hommes capable d'organiser et de gérer du personnel. Et ça tu sais faire ! Pour te seconder tu pourras compter sur un responsable commercial et un responsable technique… que veux-tu de plus ? »

« Écoutez, je suis flatté que vous ayez pensé à moi pour ce poste mais vous n'avez pas de type plus qualifié que moi sur le marché ? »

« Le doute a ses limites **Jacques**, nous t'avons vu faire pendant six semaines et on sait que tu seras génial pour ce poste ! »

Philippe renchérit.

« De plus, ton bureau ? Tu l'installes où tu veux. Tu vas être père et moi et **Gilles** avons pensé que cela serait un super nouveau challenge pour toi ! »

« Oui mais vous n'êtes pas les décideurs dans la boîte et il va me falloir postuler auprès de votre direction non ?

« Mais tu nous prends pour qui ? **Gilles** et moi sommes actionnaires à 30% chacun. Tu as déjà 60% des voix pour toi et **Jean-Louis**, qui a les 40% restant et qui occupe le poste de directeur général, a été briefé par nos soins ! En plus de cette fonction tu assureras l'organisation sécurité des voyages de nos équipes à l'étranger… tu vois, on se sert de tes compétences ! »

« Touché, je suis touché les gars mais j'ai besoin de me poser pour réfléchir à votre proposition on ne peut plus intéressante ! »

Alors que **Gilles** s'apprête à me répondre mon téléphone vibre. Après m'être excusé d'un geste de la main je réponds. Sans même que **Gilles** et **Philippe** ne comprennent ce qui se passe je me lève d'un bond, jette dix euros sur la table et je file vers la sortie.

« Pardon les gars mais c'est la clinique et **Laëtitia** va accoucher ! »

Ils me sourient et m'invitent, d'in signe de la main, à me dépêcher. Je saute dans le premier taxi qui passe devant la brasserie et nous prenons la route de la maternité. Dans ce taxi filant vers le Sud de **Paris** je me mets à haïr toute forme de circulation intramuros, J'en viens même à me demander si il n'aurait pas été préférable que je prenne le métro. Mais maintenant j'y suis, englué jusqu'au cou, et les minutes me semblent des heures.

Vingt longues minutes plus tard nous arrivons à destination et je me précipite après avoir jeté à la volée un billet de vingt euros.

On m'indique à l'accueil l'étage de la maternité et, les ascenseurs occupés, je grimpe les escaliers deux à deux. J'arrive enfin devant la porte de la maternité, essoufflé, et la première infirmière que je croise sursaute de me voir arriver comme un dératé.

« Bonjour, je cherche mademoiselle **Kourokopf**, elle a été admise en urgence pour un accouchement ! »

« Oui, vous devez être monsieur **Mandrier**, elle m'a prévenue que vous deviez arriver. Venez, suivez moi ! »

Au passage elle récupère et me tend une blouse ainsi qu'une charlotte et des couvre-chaussures. Je commence à m'habiller tout en marchant. Nous arrivons finalement en salle de travail et je découvre **Laëtitia** en sueur. Elle m'accueille avec ce sourire dont elle a le secret et qui me fait fondre littéralement. Je m'approche d'elle et l'embrasse sur le front puis sur la bouche.

« Je suis là maintenant… »

Le travail a bien commencé, je l'encourage et je ne lui lâche pas la main. Je ne suis qu'attentions et elle est courageuse, appliquant à la lettre les recommandations du docteur.

« Il va bientôt être là le bébé, vas-y respire bien… »

Je viens de dire *le bébé* car avec **Laëtitia** nous n'avons pas voulu connaître le sexe de l'enfant. Terrible supplice pour le curieux que je suis. J'ai vécu un véritable calvaire mais j'ai su résister à chaque échographie même lorsque le praticien nous disait voir nettement le sexe de l'enfant.

Cela fait deux heures que je suis dans la salle à encourager et soutenir **Laëtitia**. Les contractions sont de plus en plus rapprochées et je sens que **Laëtitia** pousse de plus en plus fort et de plus en plus longtemps. Soudain, j'entends la sage-femme annonce l'instant tant attendu.

« Ça y est je vois la tête, allez y, continuez à pousser madame, ne relâchez pas, poussez, poussez, allez on y est presque, il est là… »

La main de **Laëtitia** broie la mienne et je ne peux m'empêcher de me tordre le cou pour voir la tête de mon enfant qui arrive. Je l'entre-aperçois, quel bonheur !

« Allez mon amour, vas y, pousse, il est là, je l'ai vu…

Elle ne me laisse pas finir, elle pousse un dernier cri et le miracle de la nature se produit. L'enfant apparaît, accueilli en douceur par les mains de la sage-femme qui le dépose sur le ventre de sa mère… qui pleure de joie en découvrant notre fils !

Il pousse son premier cri. Il est tout fripé mais bel et bien vivant.

J'embrasse **Laëtitia,** mieux je la couvre de baisers. Je suis heureux, ému et je reste là sans pouvoir bouger à regarder notre enfant sans même oser le toucher. La sage-femme récupère alors notre fils et quitte la pièce pour lui faire subir toute la batterie de tests post-natal avant de lui faire une toilette sommaire et de l'habiller.

Je reste avec **Laëtitia** qui, doucement, se remet.

« Tu as été merveilleuse, courageuse, je suis fier de toi ! »

Après tout juste quinze minutes la sage-femme ramène notre fils et le tend à sa mère. **Laëtitia** le prend dans ses bras et en même temps que moi lui dépose un tendre baiser sur le front.

« Au fait **Jacques**, comment allons nous l'appeler ? »

« Je te laisse choisir mon cœur, je te dois bien ça ! »

« **Michaël**, ça te convient ? »

Pour toute réponse je me rapproche de notre fils pour l'embrasser une nouvelle fois en lui murmurant.

« Bonjour **Michaël** ! »

Chez Laëtitia, 15/03/2007 – 15H

Depuis la naissance de notre fils je n'ai pas arrêté une seule seconde. Entre les coups de téléphone aux amis et à la famille sans parler des achats et de l'aménagement de sa chambre je n'ai pas eu un instant à moi. Depuis le retour à la maison de **Laëtitia** ces dix derniers jours sont passés à une vitesse folle mais je suis heureux tout comme **Laëtitia**.

Notre bonheur est partagé par les nôtres, que demander de plus ?

Pour que la maman et l'enfant puissent se reposer j'ai instauré l'arrêt des téléphones pendant les heures où tous les deux dorment. Ça a permis à **Laëtitia** de bien se reposer et aujourd'hui elle est suffisamment en forme pour que je puisse m'absenter l'esprit serein.

Je me prépare à sortir car dans une heure j'ai rendez vous avec **Serge** qui a finalement mis la main sur les photos détenues par la *DST*. J'espère que l'on y voit clairement les deux auteurs présumés… **Mustapha** et son ami **Ahmad**.

Avant de sortir je ne manque pas d'embrasser **Laëtitia** et notre fils avant d'enfiler mon blouson. Je décide de prendre un taxi, pas envie de me prendre la tête dans les transports en commun ni en y allant avec ma propre voiture.

Je suis bien, apaisé et heureux.

Le ciel, le destin, **Dieu**, la fatalité ou je ne sais comment on peut appeler tout ça mais toujours est il que quelqu'un ou quelque chose m'a accordé une nouvelle chance dans la vie. Une seconde chance que je ne veux pas gâcher mais dont, au contraire, je veux profiter un maximum. Je regarde défiler les rues de **Paris**. Le printemps est doux et les gens dans la rue semblent être, eux aussi, apaisés. J'ai l'impression qu'ils se promènent presque alors que d'habitude ils vivent à cent à l'heure et pressent le pas continuellement. Une demie-heure plus tard, j'arrive dans la brasserie que m'a indiquée **Serge** et qui est située à cinq minutes à pieds de son domicile.

Une brasserie typiquement parisienne avec ses grands canapés rouges et son serveur en costume noir et chemise blanche. Je m'installe au fond de la salle avec vue sur l'entrée tout en feuilletant *Le Monde* laissé sur la table par le consommateur d'avant. Un frisson me parcourt car je n'y trouve quasiment que des articles qui relatent des attentats, des guerres et autres massacres… le monde est fou et souvent la religion en est la cause. Je pense à toutes ces familles qui comme moi ont été victimes de ces actes barbares et dont peu, j'en suis sûr, ont eu la chance de pouvoir reconstruire quelque chose aussi vite. Je sais bien que quelque part je suis un privilégié. Je suis perdu dans ces pensées lorsque j'aperçois **Serge** qui arrive. D'être amoureux lui réussit bien car il semble en pleine forme et rayonne. J'observe que beaucoup de femmes continuent à le regarder discrètement au passage.

« Comment vas-tu nouveau papa ? »

Me demande-t-il en me tendant une main ferme en même temps qu'il me prend dans ses bras.

« Félicitations ! »

« Je suis le plus heureux des hommes, **Serge**. Il est magnifique alors fais vite une fille à **Cécile** qu'on les marie dans vingt ans ! »

« Banco, mais je te préviens qu'il n'y aura pas de grosse dote ! »

Nous commandons deux cafés et **Serge** me tend alors deux clichés retournés. Avant de me montrer le recto des deux photos il me prévient.

« Écoutes **Jacques**, je vais te montrer ces deux photos qu'on a de **Mustapha**… »

« On n'en a pas de son ami ? »

« Non **Jacques** mais s'il te plaît écoutes moi bien. Tu regardes posément, tu réfléchis bien et tu me dis si tu l'as déjà vu lors de tes virées ! »

Il retourne alors les photographies et à mon visage il sait déjà.

« On dirait que ça te parle, je me trompe **Jacques** ? »

Je ne lui réponds pas. C'est vrai que les clichés sont de très bonne qualité et que je connais le gars mais d'où ? Mon cerveau se met à fonctionner comme un moteur de recherche. Je ferme les yeux et je scanne toutes les personnes que j'ai croisées depuis ces dernières années… oui j'en suis sur, ce visage je le connais, je l'ai vu, mais où ?

« Je le connais **Serge** ! J'en suis sûr, je l'ai déjà vu mais il faut que je réfléchisse. Là, à brûle-pourpoint je suis incapable de te dire où et quand mais… »

« Ça n'est pas grave **Jacques.** Tiens, garde les photos et regarde les de nouveau à tête reposée. »

Nous changeons diamétralement de sujet et en venons à parler de **Laëtitia** et de **Michaël** et d'un tas de choses d'une banalité pourtant si importante à mes yeux de père. J'ai abusé du café depuis ce matin et à un moment je suis obligé de laisser **Serge** le temps de soulager une envie pressante. Alors que je descends les quelques marches qui mènent au sous-sol je m'arrête net je me précipite en courant vers **Serge** qui a le nez dans le journal.

« Putain **Serge**, c'est bon je me rappelle ! »

Un large sourire vient orner son visage.

« Bingo **Jacques** ! »

Je me rassieds ayant même oublié mon envie pressante qui passe naturellement au second plan. Je retrouve mes esprits avant de satisfaire la curiosité de mon ami.

« Tu te souviens **Serge** quand je suis revenu sur **Paris** pour récupérer le corps de **Katia** ? »

« Oui mais je ne vois pas le rapport… »

« Et si je te parle de la soirée au cours de laquelle je me suis battu avec deux arabes ? »

« Là oui ça me parle ! »

« Et bien **Mustapha** est l'un de ces deux types… »

L'homme de terrain qu'il est ne peut s'empêcher de poser une dernière question à laquelle je m'attendais.

« Tu en es cer… »

« Certain ? À 10000% **Serge** ! »

Je lui raconte alors par le détail l'altercation puis lorsque je m'étais excusé auprès d'eux en leur racontant les raisons de ma colère. Ces deux salauds n'avaient pas bronché, même pire, ils étaient restés de marbre et moi qui avais mis ça sur le coup de la colère… maintenant je comprends mieux.

« Tu te rappelles du commissariat qui a traité l'affaire ? »

« Oui, celui du 9ème ! »

Sans prévenir **Serge** se lève, règle l'addition et me fait comprendre que nous partons.

Direction rue **Chauchat** !

Nous rejoignons le commissariat en taxi. Je suis songeur de ces hasards que la vie nous réserve même si sincèrement je me serais bien passé de celui-ci.

« Tu crois que ça va nous être utile **Serge** d'aller dans ce commissariat. Si ça se trouve on va récupérer l'adresse connue mais qui finalement n'est pas la sienne ? »

« Qu'est-ce que ça coute d'essayer ? »

Nous arrivons au commissariat où, sur présentation de sa carte, il ne nous faut pas plus de cinq minutes pour être reçu comme des *VIP* par le commissaire en personne. Un vieux flic,la cinquantaine passée au visage carré, apparemment énergique malgré un embonpoint marqué. C'est un homme de caractère. **Serge** lui expose la situation et demande à consulter le registre des plaintes et de mains-courantes de la journée en question. Le policier nous invite de la main à nous servir un café alors qu'il demande au planton d'amener les registres de la période considérée.

C'est un brigadier-chef plus proche de la retraite que de l'affectation en sortie de stage qui arrive avec les documents demandés par le commissaire. Rapidement **Serge** trouve la page du jour considéré et trouve sans plus de difficultés nos deux gars. Sans même se parler ni montrer quoi que ce soit nous comprenons que l'adresse qui apparaît est différente de celle que nous connaissions… la chance est peut être de notre côté. Nous prenons congé du commissaire et une fois dans la rue je ne peux m'empêcher de questionner **Serge**.

« Et là, maintenant on fait quoi **Serge** ? »

« Et bien on, quand je dis on je parle de la *DST* car tu sais bien que la *boîte* ne travaille pas sur le territoire national, on est partis sur la mise en place d'une planque voire de l'infiltration et il ne reste qu'à croiser les doigts et attendre… »

Prison de la santé, Paris, 03/05/2007 – 15H

Depuis huit jours, **Mustapha** et son complice **Ahmad** sont incarcérés à la **prison de la santé**. Ils ont été serrés à la mi-avril et la perquisition de leur appartement a permis de découvrir non seulement un stock important de munitions d'armes de guerre mais aussi des tracts et de la documentation sans parler de photos de camps d'entraînement au **Pakistan** et ailleurs.

Les deux hommes avaient élu domicile dans un quartier très chic de **Paris**. Ils pensaient être ainsi à l'abri et en sécurité quand tant de monde les cherchait en banlieue… comme quoi le 16ème arrondissement peut être un bonne planque ! Au bout de trois jours de garde à vue ils ont reconnu leur participation à l'attentat du **Louvre** au nom de **Dieu.**

Serge, qui a assisté à leurs interrogatoires, les a alors vus passer de quidams n'ayant rien à se reprocher à victimes d'une erreur judiciaire car ils avaient agi combattants de **Dieu** ! **Serge** a même été impressionné par ce changement quasi physique d'attitude. De véritables illuminés. Avec l'aide de son directeur **Serge** a réussi à m'obtenir l'autorisation de rencontrer

Mustapha. Il sait que j'ai besoin de comprendre et je lui ai donné ma parole de rester calme.

Me voilà donc aujourd'hui dans cette minuscule pièce aux murs sales réservée d'habitude aux avocats pour s'entretenir avec leurs clients. C'est une pièce impersonnelle qui empeste le désinfectant, le renfermé et la sueur.

Mustapha arrive accompagné de son avocat.

Quand je le vois mon cerveau est en ébullition et mis à part que je sais que je dois me maitriser je ne sais même pas ce que vais-je lui dire ni ne me rappelle pourquoi je suis là ! Il s'assied face à moi ainsi que son avocat. Il a beau avoir des menottes au poignets il n'en est pas moins digne.

« Bonjour **Mustapha**. Vous vous souvenez de moi ? Rappelez-vous ce soir du mois de juillet où vous étiez avec votre ami, lorsque je vous ai agressés… »

Sa bouche est marqué d'un rictus. Il me regarde froidement puis me réponds.

« Oui je m'en souviens et tu nous a agressé lâchement juste parce que nous étions arabes ! »

D'entendre sa voix mon cœur s'emballe et j'ai une envie folle de me jeter sur lui pour lui arracher le cœur comme il a arraché le mien en tuant ma femme et mon fils…

« Tu n'as pas tort ! J'en voulais à tous les arabes car ma femme venait d'être tuée dans l'attentat du **Louvre** avec mon fils. Et si ce soir là j'avais su que toi et ton ami étiez à l'origine de cet attentat tu ne serais pas là aujourd'hui pas plus que lui car je vous aurais tué de mes mains ! »

J'ai prononcé cette phrase avec un calme surprenant, ponctuant mes propos d'un regard appuyé.

L'avocat de **Mustapha** intervient manifestement courroucé.

« Monsieur **Mandrier** vous avez souhaité rencontrer mon client et je ne m'y suis pas opposé car je veux bien comprendre la douleur qui est la vôtre mais je vous demande de ne pas faire de menaces au risque que je mette fin à cette entrevue ! »

L'homme de droit a été ferme et clair.

« Maître, je ne menace personne ! J'expose juste mes sentiments et le fait que j'ai regretté ce soir là mon attaque mais que je ne l'aurais en rien regrettée si j'avais su qui ils étaient… »

Pendant ces échanges **Mustapha** ne dit mot et se contente de me regarder. Étrangement je ne lis aucune haine envers moi dans son regard.

« **Mustapha**, j'aimerais savoir ce que tu ferais si demain je faisais exploser un commerce ou ta mère, ta sœur et ton petit frère seraient en train de faire leurs courses et qu'ils y perdent la vie… quelle serait ta réaction d'apprendre par les journaux qu'un *front de libération chrétienne* est à l'origine de cet attentat ? »

« Tu mélanges tout. Nous on se bat pour une cause juste et ta femme et ton fils sont maintenant près du prophète car ce sont des martyrs ! »

Sa réponse est odieuse et j'ai du mal à contenir ma rage…

« Eux aussi croyaient en un **Dieu**, d'ailleurs sûrement le même que le tien avec un nom différent et ils n'aspiraient qu'à vivre et à être heureux… ils n'ont jamais été des ennemis ni à ta cause ni à ton combat ! »

« Mais ils étaient impurs et le Coran nous demande de combattre les impurs… »

« Le même Coran où il est écrit qu'il est défendu de tuer des innocents, des civils… c'est bien le même livre saint dont tu parles ? »

À son regard je comprends qu'il est surpris que je connaisse le Coran… il reste muet et je ne peux me retenir de taper la table du plat des deux mains pour le forcer à me répondre. Son avocat sursaute.

« Je ne suis qu'un soldat du prophète et je combats ton pays qui est en guerre contre notre religion et qui interdit le port du voile et cumule les actes racistes. Et que dis tu des mosquées saccagées et de votre *extrême droite…* »

Devant tant d'inepties je ne le laisse pas finir.

« Ne t'invente pas d'ennemis **Mustapha** ! Ni ma femme ni mon fils pas plus que tous les morts du **Louvre** n'étaient tes ennemis. Tu as juste enfreint les règles du Coran… »

« Je suis juste un soldat de **Dieu** et les soldats de **Dieu** n'enfreignent jamais le Coran ! »

Mon sang ne fait qu'un tour et je me retiens vraiment pour ne pas lui sauter à la gorge. Le pire dans ce dialogue irréel est qu'il est sincère dans ses convictions. Je comprends pourquoi il ne regrette pas son geste mais aussi que je ne saurais pas le faire fléchir. Sans le savoir je me suis lancé dans un combat perdu d'avance avec, comme adversaire, un illuminé !

« On ne sera jamais d'accord **Mustapha**. Ici tu auras le temps alors relis le Coran comme moi je l'ai fait. J'ai appris à vous connaître, à connaître votre religion. Je suis allé dans les mosquées, j'ai prié, j'ai rencontré des Imams… Ta religion n'est qu'amour et tolérance et toi comme tant d'autres la travestissez à votre manière ! »

Ça ne sert à rien d'aller plus loin dans cette conversation face à un homme déterminé qui croit être dans le vrai… sans un mot ni même un regard à son adresse je me lève et je quitte la pièce.

Palais de justice, Paris, 30/09/2007 – 10H

Cela fait quinze jours que le procès de **Mustapha** et de ses complices a commencé. Tous les jours j'assiste aux séances car je veux être là quand les sentences tomberont. Le **Mustapha** qui est assis dans le box des accusés a le même regard et la même détermination que celui que j'ai croisé en prison quelques mois plus tôt.

Le travail qu'a accompli la **DST** est spectaculaire. Elle a remonté toute la filière et démantelé un véritable réseau qui avait des ramifications dans divers pays du **golfe arabo-persique** et qui disposait de plusieurs camps d'entraînement dont un en **France**, dans la banlieue Sud de **Paris**. Plusieurs attentats étaient encore en préparation dont plusieurs sur **Paris, Lyon** et **Marseille**. On apprend même que pour l'un d'eux **Mustapha** était prévu de mourir en martyr ! Je comprends mieux pourquoi toute discussion avec lui n'était que pure utopie.

À cette évocation **Mustapha** justifie sa haine car son arrestation l'a privé de mourir en martyr et de se retrouver ainsi à la droite du prophète… Privé de cette mort qu'il juge honorable il se livre alors à un véritable suicide judiciaire. Il reconnaît tout et, concernant l'attentat du **Louvr**, il s'en octroie la préparation mais aussi la confection de l'engin explosif ainsi que sa mise en place ! Difficile pour un avocat de plaider après de tels aveux surtout avec un client qui crie haut et fort qu'il n'est ni malade pas plus qu'endoctriné.

Aujourd'hui nous attendons le résultat des délibérations. Le procureur général a demandé la perpétuité sans remise de peine possible à l'encontre de l'ensemble des membres du groupe. Je suis assis dans la salle et j'attends l'arrivée des accusés puis de la cour. J'en profite pour me repasser le film de ces dernières années au cours desquelles je suis vraiment passé par toutes les émotions et tous les sentiments. J'ai perdu ma famille, changé de travail et les hasards de la vie m'ont fait rencontrer **Laëtitia** qui m'a donné un fils puis j'ai aidé à retrouver les assassins de **Paul** et de **Katia**.

Du drame à l'amour, c'est comme ça que je pourrais résumer ce long et difficile chapitre de ma vie. Aujourd'hui nous nous sommes installés à **Lorient** avec **Laëtitia** et notre fils. J'ai fini par accepter la proposition de **Gilles** et **Philippe** et je supervise le secteur grand Ouest de leur société mais j'organise surtout les déplacements à l'étranger de nos commerciaux et de nos équipes techniques. Il est clair que cela me change mais, comme prévu, c'est un nouveau challenge que je me suis lancé et je découvre le secteur privé et le monde de l'entreprise. Une autre manière de manager une équipe, pas si différente d'ailleurs de celle que j'ai employée pendant vingt ans. Je me rends compte que je m'adapte très vite et que je ne m'en sors pas trop mal. Je me déplace souvent en **France** et parfois à l'étranger et cela me convient.

De son côté **Laëtitia** a arrêté de travailler puis a laissé son appartement de **Paris**. La fille de l'Est se retrouve en maintenant en **Bretagne**. Elle s'y plait beaucoup et profite pleinement de la mer et les ballades le long de la côte sauvage. Elle y a pris goût !

Michaël quant à lui grandit à vue d œil. C'est un amour qui sourit tout le temps et nous comble de bonheur.

Notre installation à **Lorient** a bien sûr fait des heureux, **Charlie** en tête qui ne rate pas une occasion de venir voir le bébé et boire un café. Bon, il râle toujours autant quand j'ai un déplacement à l'étranger mais c'est vrai que j'apprécie le fait de profiter comme cela de mes amis.

Guy nous a trouvé une maison entre **Lorient** et **Auray**. On y est bien, à cinq minutes de la plage et c'est la vraie maison du bonheur. On a beaucoup de visites dont les parents de **Katia** qui se sont pris d'affection pour **Laëtitia** et le petit. Ils viennent nous voir quasiment toutes les semaines. Bien sûr que par moment j'ai des moments de blues quand je repense à **Katia**, à **Paul** et que, souvent, des images d'eux me reviennent. Ils font partie intégrante de ma vie et j'ai la chance d'avoir une compagne qui l'a très bien compris et accepté.

De mon ancien « *milieu* » je garde tous mes contacts et nombreux sont ceux qui passent nous dire bonjour. Parfois certains me proposent des contrats en *back to back*, loin des oreilles de **Laëtitia**, mais je refuse à chaque fois ! Mais qui sait un jour peut être… même si pour l'instant je veux me poser pour m'occuper de ma famille.

Serge, lui aussi, a finalement quitté la *boîte*. Il a rejoint le privé dans une société spécialisée dans l'audit sécurité que ce soit portuaire, traitement de la malveillance ou du terrorisme. Il semble heureux et ça lui plait. De plus lui aussi va connaitre les joies de la paternité puisque **Cécile** est enceinte. Ils habitent une petite maison à 70 kms au Sud de **Paris** et on passe les voir de temps à autres. Le terrain est immense et parfois il y a cinq ou six tentes dressées lorsqu'on se fait des week-end *commémoration*.

Je suis vraiment bien entouré et je crois que c'est cela ma plus belle richesse, l'amour d'une femme et l'amitié que j'ai de toutes les personnes qui m'entourent La sonnette qui annonce le retour de la cour me fait sursauter et me ramène à la réalité du moment. En me levant j'observe la salle. Je n'y avais pas prêté attention mais il y a quelques hommes bien typés portant barbes et habits traditionnels dans la salle. Certains d'entre eux me toisent du regard. Ils savent aujourd'hui comment la justice est remontée jusqu'à **Mustapha** et le rôle que j'y ai joué.

Ça y est le juge prononce les sentences. Le président a suivi le procureur général dans ses réquisitions… perpétuité sans remise de peine. Je comprends aussi que m'étant constitué partie civile j'obtiens des dommages et intérêts mais je n'ai même pas entendu la somme qu m'est allouée. Ça ne m'intéresse même pas.

Quand les gendarmes embarquent **Mustapha** nos regards se croisent. Je ne lis aucune haine dans ses yeux mais une forme d'incompréhension qui ne me surprend plus car je sais qu'il est dans son monde et qu'il considère ses actes comme autant d'actes d'amour pour le prophète. Je sors enfin du tribunal. Je me sens léger et j'ai vraiment l'impression de refermer un chapitre de l'histoire de ma vie ! Ce soir je mange chez **Serge** et demain je reprends le train pour rejoindre **Laëtitia** et notre fils pour continuer ma nouvelle vie ! Pour la première fois depuis bien longtemps je me sens en paix avec moi-même.

Alors que je me dirige vers les taxis un garçon d'une dizaine d'années s'approche de moi en me tendant une enveloppe.

« M'sieur ! C'est pour vous, c'est pour vous ! »

« Non petit tu te trompes ! »

« Non m'sieur, c'est pour vous on m'a donné cinq euros pour que je vous donne cette enveloppe ! »

« Qui t'a donné ça ? »

« Un arabe avec une grosse barbe ! »

Dès que j'ai l'enveloppe en main le jeune garçon n'attend pas et part précipitamment. C'est une banale enveloppe *Kraft*. Je vérifie son intégrité, s'il n'y a pas de trace de graisse ou de fil qui dépasse mais non elle semble normale. Sans attendre j'appelle **Serge** qui me conseille de ne pas l'ouvrir et de le rejoindre à la *DGSE*. Il m'y accueille et un gars avec lui prend en charge l'enveloppe alors que nous rejoignons son bureau.

Nous échangeons devant un café et il ne faut pas longtemps pour que le type de tout à l'heure nous rejoigne.

« Tiens **Serge**, tout est clair. Juste une photo dedans ! »

« Merci **Fred** ! »

Serge prend l'enveloppe et en sort une photo. À son visage je comprends qu'il y a un problème. Il me tend la photo. Mon cœur s'emballe et je sue immédiatement à grosses goutes. Sur la photo, **Laëtitia** et **Michaël** en train de s'amuser sur la terrasse de notre maison en **Bretagne** puis je tourne le cliché où quelques mots sont écrits :

Belle maison, belle famille, pourvu que cela dure… Inch Allah.

La lecture de ce message me fait le même effet qu'un uppercut bien placé. Je suis sonné… quand mes yeux viennent se poser sur un poster qui a une place d'honneur dans le bureau de **Serge**. Sur ce poster, une devise qui me rappelle mon passé !

Ils surgissent du cœur de la nuit porteurs des foudres de Neptune !

Sans un mot je sors du bureau pour me précipiter à l'aéroport !

Mon combat n'est pas terminé…

Cet ouvrage a été composé par Edilivre

175, boulevard Anatole France – 93200 Saint-Denis
Tél. : 01 41 62 14 40 – Fax : 01 41 62 14 50
Mail : client@edilivre.com

www.edilivre.com

Tous nos livres sont imprimés
dans les règles environnementales les plus strictes

ISBN papier : 978-2-332-55153-5
ISBN pdf : 978-2-332-55154-2
ISBN epub : 978-2-332-55152-8
Dépôt légal : mars 2013

Imprimé en France, 2013